文永午 수필선

편견 · 편식 그리고 죄악

月刊 書都文人畵

서문

여기에 실은 글들은 나의 꿈들의 편린이다. 철부지 시절 막연하게 동경했던 문학에의 꿈들이 이 책에 현실화된 것이다. 지난번에 출판했던 수필집(삼도 푼수의 넋두리)에는 그냥 문집의 글들을 담았다. 이는 회갑이라는 내 생의 한 격절을 정리한다는 차원에서 그리 된 것이었다. 그러다 보니 감동적 문학 작품과는 좀 멀어져 있는 느낌이었다.

이제 나는 정년을 맞아 또 다른 내 생의 굽이를 돌아야 하는 시점에 밀려와 서 있다. 아스라이 지나온 역정들… 명멸했던 환희가 있었는가 하면 한으로 침전된 슬픔도 없지 않았다.

여기 모은 수필들은 그런 삶의 편린들이다. 그러니 이 선집은 <삼도 푼수의 넋두리>에서 보다 문학성이 높다고 생각되는 것들을 뽑고 거기다가 새로 씌어진 글들을 묶은 것들이다.

지금 이 나라 경제 형편이 어렵다고 해싼다. 그럼에도 불구하고 출판을 흔쾌히 받아들여 준 월간 서예문인화 이홍연 사장님의 선선함이 고맙기 그지없다. 컴맹인 나의 원고를 알뜰히 정리해 준 제자 공지해 양의 노고도 새삼 고맙다.

2005. 12. 3

저자 문 영 오

문영오 수필선

편견·편식 그리고 죄악

차례

1. 한국인 기상의 발원지 지리산

2. 이런 교수님들 강단 떠나야 한국이 산다

3. 편식·편견 그리고 죄악

4. 사우나 팔덕(八德)

1. 한국인 기상의 발원지 지리산

나와 山行

나는 일요일만 되면 배낭을 꾸려 짊어지고 대문을 나서는 것이 버릇처럼 되어 버렸다.

어느 당사주가가 나를 두고 역마성(驛馬性:역마살)이 겹쳐 들은 사주라던가 해서 나는 그렇게 돌아다니는 것을 좋아하는지 모르겠다. 사실 나는 여행을 하다가도 차창으로 스쳐가는 검푸른 산을 보면 가슴이 울렁울렁 뛰는 것을 어찌하랴. 이런 습벽은 드디어 쉬는 시간마다 지도책을 뒤지는 버릇까지 생기고 말았으니…….

영국의 유명한 등산가 죤 말로리가 친구들이 묻는 말에 "거기에 그것이 있으니까(because, it is there)"라고 대답한 그런 경지는 내 못 도달했을지라도 나는 산에 들면 세속사를 잊을 수 있어 좋고 믿음만이 존재하는 자연이 그저 좋은 것이다. 해서 어느 시인도 "청산이 있으면 혼자라도 좋아라."라고 읊조리지 않았던가?

이렇게 시작한 산행이 십 년이 넘었으니 그런 대로 연륜이 쌓인 셈이다. 이 십 년의 세월 속에는 자연에서 느끼는 기쁨 그것만이 있었던 것도 아니다.

부산에서 양산으로 가는 국도 왼편에 원효산이 있다. 이 산을 30도를 훨씬 넘는 무더위 속에서 혼자 찾아갔다가 죽을 뻔했던 고비는 지금도 생각하면 몸이 오싹해진다. 산에서 당하는 조난은 흔히 인간의 오만에서 오기 마련이다. 그 때도 친구도 없이 혼자서 길도 채 알지 못하는 그 산에 들었다가 너무 더운 탓으로 땀을 많이 흘린 데서 오는 위험이었다. 온 몸이 땀으로 목욕한 것은 말할 것도 없고 등산화(군화)도 땀으로 온통 젖어 한 발자국 옮길 적마다 박자라도 맞추듯 삐걱삐걱 소리를 내고 있었다. 정상이 가까워질 무렵, 내 두 다리는 꼬이기 시작했고 앞이 가물가물해지면서 의식이 몽롱해 왔다. 이는 순전히 땀을 지나치게 많이 흘린 데서 연유한 것이었다. 그 순간 내 머릿속을 번개처럼 스쳐간 것은, 더위를 먹었을 때는 소금을 섭취해야 한다는 원시적 처방… 나는 배낭을 뒤져 소금을 찾아 수통에 집어넣고 잘 흔든 다음 정신이 없이 퍼 마셨다. 그리고 다음 순간 숲 속에 쓰러져 버린 것이다. 그렇게 쓰러져 반 시간 내지 한 시간 쯤 지났을까? 정신을 차려 보니 그 원시림과 태고의 정적 속에 나 혼자 내동댕이쳐진 것이 아닌가. '살아났구나!' 하는 것도 순간 엄습해 오는 적요와 휘휘한 공포는 또 다른 면에서 몸서리치게 하고 있었다.

그날 무사히 집에 돌아와 아내에게 그 이야기를 했더니 '일요과부에서 평생과부로 만들겠느냐?'면서 '그렇게 산을 좋아 하니 말리지는 않겠지만 제발 혼자는 가지 말아 달라.'고 신신당부였다. 그 뒤로 나는 혼자서 그것도 여름에 가는 등산은 피해오고 있다.

삼사 년 전 치악산을 갔을 때의 일. 그 날은 산행 코스는 입석대－비로봉－구룡사의 코스였다. 그러나 홍수 탓으로 길이란 길은 모두 끊겨 구룡사에서 대기키로 한 버스는 그 당시 고속도로 종점인 새말에 댈 수밖에 없었다. 구룡사에 가면 탈 수 있으리라는 버스는 거기서도 수 km 밖인 새말 근처에 정차해 있으니 밤새 걸을 수밖에… 하반신은 온통 물에 젖고 허기찬 배는 아랑곳없이 밤하늘에는 이름 없는 별들만이 말끗말끗 빛나고 있었다. 그날 밤의 별을 쳐다보며 마냥 걸었던 보행은 잊을 수가 없다. 버스에 승차했을 때는 밤 9시경, 서울 도착은 자정이 가까웠으니 생각하면 즐거운 것도 같고 무리였던 것도 같았다.

산행은 이처럼 고통과 위험이 따르는 반면 그에 못지않게 즐거움 또한 크다. 사실 고통보다는 즐거움이 더하기에 산행을 하는 것이다. 독서든 등산이든 애당초 즐거움이 없이는 실효를 거두지 못하는 것, 뭐니뭐니해도 산행의 즐거움은 해방감에 있다. 사회구조로부터의 해방, 가정으로부터의 해방, 긴장으로부터의 해방 등… 이 해방감은 기쁨을 주고 쾌락을 주며 고통 뒤에 安住를 준다. 이런 해방감 뒤엔 자연과의 친화와 대화가 있고 깊은 사색이 따르기 마련이다. 누군가가 말하지 않았던가? 인간의 영원한 구원은 자연밖에 없다고… 사실 자연이 아니고 어디서 구원을 얻을 수 있을 것인가?

많은 사람들이 산행의 즐거움으로 흔히 정복, 정리, 건강, 식도락 등을 들기 마련이지만 내 경우는 한 걸음 더 나아가 승화, 발광으로 통한다. 발광이란 단어가 나왔으니 말이지 나는 산에 들면 미친놈이 곧장 되곤 한다. 자연의 신비와 아름다운 경지에 접할 때는 울다가 웃다가 하기도 하고 한숨과 탄식과 포옹을 하는가 하면 밋밋하게 번져간 산등성이의 갈밭을 만나면 노루새끼 뛰듯, 고삐 풀린 뿌래기소 앞마당 뛰듯, 이리 뛰고 저리 뛰곤 한다. 이런 나를 보고 친구들은 청량리 행이 멀지 않았다고들 하지만 나는 그 말엔 아랑곳없이 잔디를 보면 털썩 주저앉아 매만지다가 또 연한 풀잎을 보면 애인의 볼을 쓰다듬듯 쓸어 주고 싶은 걸 어쩌랴. 이렇게 발광을 하다 보면 손해도 많다. 손등에 생기는 생채기는 말할 것도 없고 아내가 정성 들여 떠 준 털모자를 잃어버리기도 일쑤다.

내 이만큼 발광의 경지에 도달한 줄을 모르는 알뜰한 친구는 내 성격이 외곬으로 흐름을 막기 위해서라도 여러 사람과 어울리는 정구를 치자고 꼬셔대고 라켓까지 사서 선물로 주지만 얼른 그쪽(정구)으로 기울어지지 못함은…

내 생활의 가장 중요한 일부가 되어버린 산행은 따지고 보면 자연과 내가 한 덩어리가 되어 스스럼없는 자연과의 대화 속에서 잃어버린 자아를 발견하고 원초의 자연 속에서 나도 원시적 내가 되고 싶은 그런 갈구의 탓이요, 끝내는 자연으로 돌아가고 만다는 필연성에 앞서 현실 생활의 영원한 구원은 자연에서만 얻을 수 있다는 나대로의 생활철학이 농도 깊게 배어있는 탓이다. 해서 나는 오늘도 두 어린애의 밝고 사랑에 넘치는 웃음과 아내의 밉지 않은 투정과 걱정스런 눈초리를 뒤로 한 채 또 다른 미지의 산을 향해 대문을 나서는 것이다.

(신광교지. 1976.)

북악터널

나는 거의 매일 매연으로 시야를 가린 북악터널을 지난다. 터널이야 원래 답답 그것이겠지만 이 터널은 서울의 어느 터널보다 갑갑하다. 매연으로 제멋대로 어두워진 터널 내부의 우중충한 모습이며 귀를 찢는 듯한 소음과 콧구멍을 사정없이 파고드는 매캐한 내음은 현실적 지옥이다. 잘은 몰라도 죄 많은 자들이 간다는 지옥의 일부분은 이런 모습을 하고 있지 않을까? 해서 나의 출근길을 종로 쪽으로 우회해 볼까 생각해 봤지만 오십보백보라 단념하고 말았던 것. 그러자니 고역의 감내가 여간이 아니다.

겨울철에 비해 무더운 여름철이 되면 나는 이 터널을 지날 적마다 온갖 노력을 동원해서 自保의 수단을 해야 한다. 앞 창문 뒷창문을 닫아야 하고 젖 먹던 힘까지 동원해서 버스 천장의 환기통을 닫아야 하니 나의 고통은 이만저만이 아니다.

개학시기라면 버스가 만원을 이루니 나의 적은 노력으로 공해의 지옥을 통과할 수 있지만 여름방학 중 버스 안이 텅텅 비고 K대학생들의 등교가 뜸해지면 나의 힘든 노동은 여느 때보다 극성스러워질 수밖에 없다.

지난 여름방학중이던가? 그날도 나는 서예에 열중하는 제자들을 만나기 위해 비지땀을 흘리며 522번의 버스에 몸을 내맡길 수밖에 없었다. 날씨는 33도를 오르내리고 후텁지근한 불쾌지수는 삶의 용기까지 앗아갈 것 같은 날. 그런 상황이니 버스 차창 문은 있는 대로 열려 있었고 천장의 환기통도 한껏 열려 있었다. 그렇게 찌는 듯한 날씨였지만 모두 열린 차창을 통해 들어오는 바람은 버스의 속도와 비례해서 북악골의 맑은 산의 정기와 어울려 후줄근한 이 육체에 약간의 생기를 불어넣으면서 상쾌한 기분까지 들게 했다.

그러나 그 도취도 잠깐 버스가 터널 입구에 닿았을 때 나는 '어떻게 하면 이 지옥의 터널을 벗어날까?' 하는 걱정으로 등골에서는 땀이 골을 이루는 것이었다. 더위와 땀에 지쳐버린(보길도 이후) 나의 남은 용기로는 열릴 대로 열려 있는 창문들을 닫을 만한 힘이 없었다. '그래 오늘만은 모든 것을 포기하자!' 하는 자세로 축 늘어져서 손수건을 꺼내 입과 코를 틀어막고 되도록 그 지독한 매연의 흡입을 줄일 양으로 대결의 자세를 취하고 있었다. 그런데 버스 안이 어두워지려는 찰나 내 바로 앞에 앉아 있던 청바지 차림의 남자 대학생이 자리에서 벌떡 일어나 그 열린 차창들을 쾅쾅 기세도 좋게 돌아가며 닫아 버리는 것이 아닌가.

그 용기 있는 자랑스런 행동에 비해 알량한 나의 이기적 안도감. 저렇게 자기를 던지는 대학생이 있기에 나 같은 못난 선비가 살아 갈 수 있겠지…

지겹고 무덥던 여름도 이제는 다 가고 계절은 서서히 가을의 문턱으로 들어서고 있다. 덩달아 여름방학도 서서히 막을 내리고 있다. 이제 늦가을이 되고 또 세월은 흘러 북악골에 차가운 겨울바람이 몰아치는 겨울이 되면 버스 차창 문은 꼭꼭 닫혀지게 될 것이고 자기를 희생해 버스 안의 모든 승객의 건강을 보살폈던 그 대학생의 美行은 당분간 볼 수 없게 될 것이다.

나는 대학을 사랑한다. 그 대학을 구성하고 있는 학덕 높은 교수님들을 존경하며, 그런 교수님 밑에서 진리를 사랑하고 불의적인 것을 미워하는 대학생들을 사랑하기 때문이다. 이는 대학만이 지닐 수 있는 아름다움일 게다.

외부로부터 공해를 막기 위해 차창 문을 닫을 수 있는 대학생들이여, 동덕의 나의 제자들이여! 연잎에 구르는 이슬처럼 외부적인 것에 물들지 말고 영롱해 다오.

(동대학보. 1985. 8.)

링반데룽

우리가 취직을 한다는 것은 독하게 말하면 하루 세끼의 식생활 해결을 어떤 방법으로 할 것인가와 직관된다. 이 경우 생존이 가장 우선한다. 고로 당사자가 자기의 생을 팽개쳐 버리기도 작정하지 않은 한 그 개체의 삶은 지탱되어져야 하고 또 지탱되기 마련이다. 그러기에 〈흥보전〉에서 놀부가 동생 흥부에게 '하늘은 녹이 없는 사람을 내지 않는 것이요, 땅은 이름 없는 풀을 기르지 않는다.'고 일갈대성 했으리라. 이 같은 놀부의 말을 따지고 들면 어떻든 인간은 살아가기 마련이라는 뜻이 들어 있다. 그러나 살되 어떻게 하면 '보다 더' 보람 있게 살 것인가가 문제인데 이는 개체의 가치관이다. 따라서 우리는 이제껏 '보다 더'라는 단어에 집요하게 매달려 왔고 이 매달림은 앞으로도 지속되리라. 따지고 보면 인류문명 발전의 제일의 공로는 바로 이 단어에 돌려야 마땅하다. 어찌 보면 치열한 경쟁의식을 내포하고 있는 이 단어는 우리 모두를 물질적 풍요로움으로 끌어올리는데 일등공신의 역할을 톡톡히 해낸 것이다. 따라서 앞으로도 그 역할 담당은 변함이 없으리라. 어찌 인류의 문화만이겠는가? 한 개체의 발전에도 그 공적은 지대해서 상승욕구의 추진력이 된다.

그런데 '보다 더'는 국가건 사회건 개체를 가릴 것 없이 우리가 추구하는 가치관과 직간접적으로 연결되어 있다. 우리가 직업을 찾아 나선다는 것은 각자의 가치관을 어떻게 구현시킬 것인가의 고민 외에 다른 것은 아니다. 가치관과 무관한 직업이요, 하루 세끼의 식생활 해결이라면 구태여 우리는 직업을 찾는 데 고심참담하며 고생할 필요가 없다. 왜냐하면 우리는 어차피 살아가게 되어 있기 때문이다.

생각해 보라. 어떤 사람이 물질적 즐거움을 그 어떤 즐거움보다 우선한다면 그에 있어서는 학교에 다니는 것보다 장사를 해서 게더골드가 되는 것이 더 옳은 행위가 될 것이다. 우리네 생이야 어차피 들러리겠지만 우리는 들러리를 서되 자기를 구현하는 들러리를 서야 한다.

나는 링반데룽이란 단어의 어원을 잘 알지 못한다. 그러나 이 단어의 통용된 뜻은 익히 알고 있다. 등산객이 정상도전을 위해 산을 오르다가 도중에서 길을 잃고 방황으로 끝나버리는 비극을 때때로 우리는 경험한다. 등산객에게만 링반데룽이 있는 게 아니다. 우리는 생을 영위해 감에 있어 작게는 하루하루의 삶에서 크게는 생의 전반에서 방황의 경우를 만난다. 등산에서의 링반데룽은 수시로 변하는 주변 경관에 그 고통을 순간순간 잊을 수도 있다. 그러나 우리네 삶, 허허벌판에서의 링반데룽은 사막에서의 방황과 흡사하다. 이런 비극적 현상은 도시 어디로부터 오는 것일까? 당사자의 사전준비의 미비에서 옴을 두말할 필요가 없다. 철저한 사전준비는 우리를 실패에서 멀어지게 해 준다.

세상은 살기 어렵다고들 한다. 취직이 어렵다고들 한다. 사실 어려운 것도 현실이다. 그러나 엄격히 말하자면 자신을 극복하기 어렵다고 표현해야 적합하리라. 취직 희망자에게는 坐而待死의 패배의식에서 벗어나 進開血路의 생의 자세 전환이 중요하다. 그러므로 낙오자란 자신과의 싸움에서 패배한 자라고 규정지어도 틀린 말은 아니다. 생의 전향적인 자세는 남을 탓하고 주어진 여건을 탓하기 전에 자신을 벌해야 한다. 他罰型은 취직은커녕 영원히 실업자의 대오에서 벗어날 수가 없다. 취직이 어렵다고 탓하지 말자. 실패는 누구에게도 있다. 문제는 이를 어떻게 승화시키느냐이다.

사람들은 돈이 아까운 줄은 잘도 알고 있다. 증권에라도 몇 푼 투자해 놓고 시세의 상승과 하락 여하에 따라 얼굴이 일그러졌다 펴졌다 한다. 몇 푼이라도 손해를 볼 양이면 발을 동동 구르며 안타까워한다. 그러나 정작 안타까운 것의 실체는 돈이 아니고 시간이다. 시간을 잃고 발을 동동 구를 줄 알아야 한다. 하루를 허송하고도 발을 구를 줄 모르는 바보스러움. 이들은 삶을 중회적으로 착각하는 무리들이다. 1988년은 우리 생애에 다시 오지 않는다. 낭비한 시간이 아까워 뉘우치는 자에게는 취직의 문은 활짝 열린 것이나 마찬가지다.

(리쿠르트. 9월호. 1988.)

산계리 柳氏

우리 대학 국문학과에서는 연례행사로 해마다 6월말경이면 하계답사가 이루어진다. 자원답사인지라 구성원은 1학년부터 4학년까지 다양한 편이다. 83년 6월에도 여느 때처럼 답사행사가 이루어졌고 대상지역은 강원도 명주군 옥계면 산계리였다.

전체 구성원은 몇 개의 팀으로 나누어지는데 방언조사반, 설화조사반, 민속조사반 등이다. 나는 전공이 고전문학인지라 민속 내지 설화반의 지도교수로 배속된다. 그렇지만 실질적인 조사활동은 어디까지나 학생들 자치적으로 이루어지게 되고 교수들은 특수한 경우를 제외하고는 뒷전으로 물러서기 마련이다.

어느 사주쟁이 말처럼 驛馬살이 낀 나는 쏘다니기를 좋아하고 혼자 있기를 즐긴다. 답사활동 2일째 되던 날, 혼자만의 주유(周遊)하는 시간을 가져볼 양으로 산골을 향해 타박타박 걸어보기로 했다.

길은 경사를 이루고 있었고, 좁은 오솔길 양편으로 계단을 이룬 논들이 손바닥만한 들판을 형성하고 있었다. 발길을 옮길 적마다 시시각각으로 변하는 풍광이며 어쩌다 만나는 한두 명의 농부가 나를 할금할금 쳐다본다. 여행의 진미는 이런 것인지도 모른다. 이질적 요소를 지닌 사람과 사람 사이에 주고받는 눈빛 속에서 오는, 짜릿한 불안감이 주는 쾌감은 우리의 여흥을 더욱 고조시켜 준다.

산계리는 마을 전체가 일곱 동네로 구성된 단위마을이었다. 호수는 별로 많지 않아 보였고 가파른 산비탈에 몇 채의 집들이 듬성듬성 끼어 있었다. 나중에 안 사실이지만 이런 유(類)의 집을 이곳에서는 굴피집(참나무 껍질로 지붕으로 덮은 집)이라고 부른다. 도회생활에 익숙한 나에게 이 같은 주변 풍광은 신비스럽기까지 했다. 외딴 굴피집 한 채가 눈에 띄었다. 나는 집 구조와 그곳에 사는 주인을 만나볼 양으로 흐르는 땀을 부지런히 닦아내며 걸음을 재촉했다. 그러다가 반대편에서 오는 사내와 만나게 되었다.

그는 호미를 들고 있었고, 흙때와 땀으로 뒤범벅이 된 베잠방이를 걸치고 있었다. 체구는 파리하고 깡마른 사내였다.

"안녕하세요. 이 마을에 사시나요?"

"예, 그렇습니다. 어디서 오셨어요?"

"서울에서요."

"아, 여대생들과 함께 오셨군요?"

"저는 문○○교수입니다. 아저씨는 함자가 어찌 되신가요?"

"柳○○입니다."

이렇게 이야기를 나누는 동안 나는 유씨에게서 이상함을 발견할 수 있었다.

"아니, 유선생! 아직 40대 초반인 것 같은데 어찌해서 치아가 다 빠지셨나요."

"아, 이거요. 치통이 심했지요. 이빨이 아릴 때마다 그 통증을 없애려고 깡통에 참기름을 조금 붓고 그걸 화롯불 위에 올린 다음 기름이 지글지글 끓을 때 성냥 꼬투리에다 조금씩 찍어 발랐지요. 그랬더니 그만 이빨들이 부실부실 다 망가지더군요."

"아! 예."

참으로 안타까운 유씨의 무지한 치병 결과였다.

"김을 매러 가시는데 왜 혼자신가요?"

"처는 십수 년 전에 죽었습니다."

"아! 그래요. 그럼 재혼은?"

"재혼요? 이런 산골 가난뱅이 홀아비한테 시집 올 여자 있겠어요? 뭘 보고 시집오겠습니까?"

"아! 그러면 가까운 도회지로 삶의 터전을 옮겨 보시지요."

"선생님! 저는 기술도, 사글세 얻을 돈도 없어요. 게다가 노모님까지 계시고요."

유씨는 속 모르는 소리 그만두라는 듯 나를 빤히 쳐다보고 있었다. 생각해 보면 나의 이야기는 그에게 꿈속에서나 듣는 넋두리인지도 모른다. 나와 유씨는 얼굴을 맞대고 대화를 하고 있었지만 마음은 일 천 산이 막힌 그런 꼴이었다. 미안하다는 생각이 들었다. 그 무엇에 압살되고 있는 유씨의 건전한 성과 가정생활의 불안정이 나에게 그런 생각을 갖게 했을 것이다. 시쳇말로, 몇 년 전 만해도 아내가 죽으면 사내들은 화장실에 가서 히죽히죽 웃었다지만 요사이 사내들은 마누라 관을 만지면서 '그대 고마워.'한다지 않던가(이 경우 여자도 마찬가지인지 모른다).

유씨의 굴피집은 단포집으로 상하방에 부엌이 한 칸 달린 그런 집이었다. 부엌에서는 몸놀림이 부자유스러운 73세의 할머니가

간이솥걸이에 냄비솥을 올려놓고 채 마르지도 않은 자작나무 가지에 불을 붙이려고 무진 애를 쓰고 계셨다.

"안녕하세요, 할머니."

"예. 어디서 오셨어요."

"서울서요."

"선생님, 제발 우리 아들 장가 좀 보내 주세요. 이 놈의 팔자가 무슨 놈의 팔자인지, 젊어서 남편 보내고 늘그막에 며느리 잃고 홀아비 자식과 이렇게 살아야 한단 말이요. 선생님, 제발 덕분에 우리 아들 장가 좀 가게 해주시오."

"이 산골에서 태어나셨나요?"

"아니지요. 경북 봉화에서 태어났지요. 남편 따라 오다보니 여기까지 오게 되었답니다."

"아! 그러시군요. 할머님 너무 걱정 마세요. 인연 닿으면 어딘가 색싯감은 있을 거예요."

윗방에는 타작을 끝낸 겉보리가 수북이 널려 있었다. 할머님 말씀에 의하면 외손자는 방이 비좁아 밤마다 마을가 잔다는 것이다. 비좁은 단칸방에서 홀아비 자식과 밤을 지내야 하는 홀어머니의 회한의 처지는 방의 광협에 있지 않을 것이다.

화장실 변기는 구유 같은 것을 사용하고 있었고 화장지는 그 흔해빠진 신문지 조각도 아닌 칡 잎과 떡갈나무 잎과 담쟁이 잎이었다. 우리 시골 출신 모두가 30~40년 전에 겪었던 그 가난의 현장이 83년 6월 산계 7리 유씨네 집에 그대로 남아 있었다.

이 날 유씨는 내 생애에 큰 전환점을 가져오게 해 주었다. 어쩌다 친구와 어울리다 보면 벌어지는 술자리. 그 술자리는 방석

집일 수도 있고 룸살롱인 경우도 있다. 그럴 때마다 나는 산계리 유씨를 떠올리곤 한다.

주위 사람들은 나에게 자가용 갖기를 권한다. 출장하기 편하고 경비와 시간도 절약된다면서. 그러면 나는 무소유의 행복을, 자유스러움을 만끽하기 위해서 당분간은 차를 갖고 싶지 않다고 대답한다.

무지와 가난과 질병과 그 무엇에 의해 절제 당하고 있는 유씨의 금욕 아닌 금욕… 83년에 내게 던져 주었던 유씨의 충격이 언제쯤 지워질는지 나는 가늠할 수 없다.

가난은 결코 미덕일 수 없다. 더구나 옆을 볼 줄 모르는 부는 결코 자랑이 될 수 없다. 우선 나부터 새해에는 좀더 겸허해지고 싶다. 따라서 삶도 더불어 사는 삶이 되고 싶다.

(새行員. 1989. 2.)

樂山 樂友

60년대 후반부터 시작된 산행이니 나의 등산연륜도 이제 25년이 설핏 지난 셈이다. 그동안 등정한 산만도 수십을 헤아리니 그에 따른 사연 또한 많기도 하다. 道峰山 만장봉을 겁 없이 오르다 자신감을 잃고 중간지점에서 올라가지도 내려가지도 못하고 후들후들 떨었던 기억, 天摩山을 오른 뒤 등산의 묘미를 더하기 위해 길 없는 숲 속을 헤치고 나오다 나뒹구는 해골을 발견한 뒤 벼랑 아래로 굴러 떨어졌던 기억, 月出山 바람벽 앞에서 石田 李丙疇 선생님(동국대 명예교수)으로부터 억지를 써서 선생님의 '大權'을 이양 받던 일 등등.

다들 그렇겠지만 초창기 등산 스타일은 정상 정복이 최종 목표였다. 정상을 오르지 않고는 좀이 쑤셔서 배겨나지 못하는 그런 산행이었다. 일행 중 누구보다도 앞서야 했고 중간에서 쉰다는 것이 되레 부담스러웠다. 어떻게 무리를 하든 일행보다 한발 앞서 정상에 올라 「야호!」를 외쳐야만 직성이 풀렸던 그런 등산 스타일이었다. 지금 생각해보면 어리석고 무모한 등산방식이지만 그때는 그것이 멋깔스럽고 단단한 등산으로 생각되었으니 어찌하랴.

이런 나에게도 세월은 흘렀다. 이제 등산방식도 바뀐 것이다.

최근의 나의 산행은 정상등반 위주에서 완상과 회고, 그리고 사색 쪽으로 자리잡혀가고 있다.

대부분의 사람은 육체적 건강을 위해서 산행을 한다. 그러나 내 경우는 육체적 건강보다는 정신적 건강을 되찾기 위해 등산을 한다.

직장생활이나 사회생활을 하다보면 알게 모르게 쌓여만 가는 스트레스. 나는 이런 갈등이 심화되면 가벼운 차림으로 훌쩍 집을 나선다. 될 수 있으면 사람의 발길이 닿지 않는 곳을 찾아 혼자서 허적허적 걷곤 한다. 모든 생명체를 다독거리고 건너온 바닷바람을 만나거나 칙칙한 서리산(霜山) 잣나무 숲 속을 걷노라면 내 정신적 갈등은 어느새 바람결에 실려 날아가 버리고 삶의 찌꺼기가 자리했던 영혼 구석구석엔 싱그러운 순수가 그득 괸다. 이 경지가 되면 나는 두 팔을 활짝 벌리고 비상하는 춤을 추곤 한다.

石田선생님을 중심축으로 제자 몇 사람이 모인 등산두레가 山小會다. 여기 멤버로는 필자를 비롯해서 金時泰교수(평론가. 한양대)를 비롯 洪申善(시인. 수원대), 李鐘健(수원대), 鄭義泓(시인. 대전대), 申相星(소설가. 체육과학대), 金甲起(청주대), 尹光鳳(대전대), 金章東(안동대), 鄭後洙교수(한성대), 孫秉國박사(동국대 강사) 등이다.

선생님과 연차는 한 세대를 헤아리니 산행을 할 때는 될 수 있는 한 무리를 피한다. 그래서 자연스럽게 찾아낸 산행스타일이 先賢의 幽宅이나 故宅을 찾아 나서는 고적 답사를 겸한 산행이다.

珍島는 尖察山과 女貴山을 중심으로 형성된 섬이다. 두 산 모두 해발 5백m가 되지 못하지만 강원도의 7백m 급 산과 맞먹는다.

尖察山의 등반코스는 두 방향이 있는데 雙溪寺를 오른쪽으로 끼고 오르는 코스와 許小痴故宅을 왼쪽으로 하고 등반하는 코스다. 보다 아름다운 풍광을 맛보려면 아무래도 雙溪寺 코스를 택하는 편이 좋다. 이 계곡은 천연보호수림으로 지정된 계곡이어서 숲이 울창하기가 비길 곳이 없다. 그렇게 높은 산도 아니지만 빼곡한 숲 탓인지 풍성한 수량과 맑은 벽계수가 정상 가까이 이르도록 흘러내린다. 하늘을 가린 숲의 터널은 끝없이 이어지고 숲자락 사이사이에 자생하는 春蘭群落들이 길손의 마음을 더욱 상큼하게 해준다.

정상에 오르면 산 위로 트인 전망이 등산객의 피로를 일시에 씻어준다. 서남으로 펼쳐진 그림 같은 다도해. 쪽빛 바다 위로 하얀 포말을 남기며 흐르듯 떠나가는 여객선. 어디 그뿐이랴. 시야를 가리는 잠자리 떼의 군무와 비상(여름의 경우), 푸른 숲의 정갈스런 향내를 담뿍 가져오는 푸른 바람. 이 바람은 내 가슴과 사타구니를 비집고 끝내는 내 영혼의 구석구석까지 파고들며 정화를 해준다.

하산은 오르던 방향과 반대방향으로 더 가면 된다. 갈대숲을 헤치고 한 시간쯤 내려오다 보면 제법 큰 저수지가 나타나고, 여기서 10분쯤 더 가면 이 나라 南宗畵의 맥을 탄탄하게 확립시킨 雲林山房이 자리하고 있다. 풍광이 이리 아름답기에 許小痴 같은 대가를 배출했으리라. 그러니 이 尖察山은 우리나라 문인화 전통의 산실이자 보고이다. 예술의 경지와 주변의 풍광은 비례하는 것일까.

(서울경제신문. 1992. 12.21.)

산은 거기 있어 좋아라

이 우주공간에 변치 않은 게 뭐 있으랴만 그래도 내 시각의 사정권 안에 들어온 것 중 불변상태로 인식되는 것은 산이 아닐까 한다. 변하지 않는 것 그것은 무조건 좋은 것이다.

우리네 세속인들은 변하는 것만이 좋은 것이라 인식하고 그 인식을 바탕으로 가치관을 설정한다. 심한 경우 현란한 변환이 되풀이될수록 선망의 대상으로 여기기도 한다. 이는 어쩌면 너무도 당연한 귀결일는지도 모른다.

그러면 변하는 것은 참으로 좋은 것일까? 애인도 바뀌면 바뀔수록 좋고 우리네의 생활공간인 가옥도 바뀌면 바뀔수록 좋은 것일까? 꼭 그렇지만은 않을 것이다. 생각해 보라. 몇 달이 멀다고 바뀌는 애인이라면, 사랑도 애정도 아닐 것이며 엽색행각일 것이다.

집도 그렇다. 일년이나 이년 단위로 우리의 주거환경이 바뀐다고 가정해 보자. 이 경우 어느 구석에 주인의 손때가 묻을 겨를이 있을 것이며 어느 구석에 주인의 기록이 남을 수 있겠는가. 더구나 가옥은 한 개인의 역사 산실이 아니던가. 어찌 한 개인에만 국한되랴. 그 가옥의 주인공이 평범한 자이건 위대한 자이건 그 주인공은 역사나 사회 내지 국가발전의 주체자들이 아니던가.

그래서 그들은 개체를 떠나 곧 사회요 국가인 것이다. 그러므로 이들의 주거공간은 사회사의 산실이며 역사의 산실인 것이다. 그럼에도 불구하고 세속적인 것에 이골이 난 우리네는 조금만의 이문만 남으면 이사에 열을 올리고 있다. 생의 최종 최고의 목표가 마치 아파트 평수 늘리는 것인 양 말이다.

내 집에서 바라뵈는 인왕산은 언제 봐도 그 자리에 있다. 우뚝 솟은 것도 아니고 현란하게 아름답지도 않은 채 그냥 그 자리에 우람한 바위덩이의 몸채로 남아 있다.

젊은 시절 나는 변하는 것만이 좋은 것으로 치부했었다. 해서 나는 해진 양복일망정 두 번 이상 거듭 되풀이해서 입는 것을 거부했고 바꿔 입어야만 직성이 풀렸다. 해서 주위 사람들로부터 핀잔을 받은 적이 한두 번이 아니었다. 이 시절이라고 해서 공자님의 현인요산요수(賢人樂山樂水)를 몰랐던 것은 아니었지만. 그러나 그 때의 내 가치관은 요지부동이었다. 그러니 그 때의 나의 앎은 표피적 의미 파악 이상이 되지 못한 상태였을 것이다. 생각해 보면 어떤 진리에 대한 깊숙한 이해는 연륜과 비례해 가는 법인지도 모른다.

이제 내 나이 오십 중반으로 접어들고 있다. 나는 긴 세월동안 교직만을 천직으로 알고 살아왔고 또 살아가고 있다. 다시 태어나도 나는 다시 이 길을 택할 것이다.

그런 까닭에 나는 대내적으로 굴곡이 심하지 않는 생의 역정을 영위하고 있는 셈이다. 그러니 요사이 한창 수선방구를 떠는 국제화라는, 눈이 팽팽 도는 사회의 구도 안에서도 나는 늘 뒤안길에 처져 있는 존재로 남아 있는 셈이다.

국제화(긴박감마저 감도는)의 현장에서 뛰는 자들일수록 수없이 많은 일거리에 직면하게 될 것이고, 따라서 이들은 치열한 싸움의 현장에서 살아남기 위한 몸부림을 치고 있으리라. 그들은 오늘도 머리를 싸매고 잘 익은 포도알처럼 팽팽한 긴박감만이 횡일하는 현장을 수도 없이 누빌 것이다. 몸과 마음으로 부딪는 것이 사람 사람일 게다. 그들의 경우 인간관계는 합일과 배반의 연속선상에서 매일매일을 꾸려가리라.

모든 세상사는 합일이 이루어질 때는 성취로 직행되겠지만 반대 경우 그들의 심회는 갈기갈기 찢기게 되리라. 해서 배반이 주는 아픔을 밤새껏 곱씹으며 생의 의미를 반추할 것이다. 어디에 인간관계 배반만큼 아픈 상처가 있던가.

내사 직업이 직업이니만치 합일과 배반이 춤추는 현장에서는 떨어져 있다고 할 수 있지만 인간 삶의 기본 패턴은 도처일반 아니던가. 왜냐하면 빈도수의 차이가 인간의 기본틀까지 바꿀 수 없을 테니 말이다.

끝까지 뜻을 함께 하며 고락을 같이 하겠다고 그 의기를 투합하고 단단상약 했던 동지들. 그러나 어느날 소속단체의 주도자로부터 서푼짜리 이권이나 솔깃한 자리 꾐에 빠져 곁을 떠나버린 동지. 그들의 이전 맹세는 폭풍 앞에 촛불이 되고 남는 것은 푸석한 말 잔치의 잔해들. 하여 밤새껏 고뇌했던 상흔의 지난날들.

내 삶은 그래도 이런 손바닥 뒤집는 듯한 세속사로부터 자유스러우니 행복하다면 행복한 셈이다.

산이라 해서 어찌 그 표피적인 것마저 바뀌지 않으랴만 그래도 그 본바탕은 돌인 채 흙인 채로 남아 있는 것 아닌가. 이제사 겨우 터득되는 공자님 말씀 요산요수(樂山樂水).

지난 세월동안 직간접으로 경험했던 배반의 상처들. 나는 그때마다 산골을 찾아 그 맑은 정기에 위무를 받곤 했었다. 내 경우 산과 빈 들판은 늘 내 영육의 치료처였다.

봄이 되면 오늘처럼 솔가지를 뒤집으며 욱욱대는 바람소리·눈까지 몰고 오는 꽃샘추위 바람에도 아랑곳하지 않고 가냘픈 생명의 꽃을 피우는 오랑캐꽃을 품에 꼭 껴안는 산. 그래서 봄 산은 봄 산대로 좋고, 여름이면 칙칙한 숲 사이로 흐르는 푸른 바람과 푸른 물이 흐르고 있어 좋고, 가을이면 이월 진달래꽃보다도 더 고운 서리 맞은 잎이 있어 좋은 산. 겨울이 되면 잎 떨어진 나뭇가지는 삭풍이 불 때마다 우줄우줄 춤을 추고 그 때마다 날려 쌓이는 낙엽들. 그래서 삶을 되돌아보게 하는 겨울 산.

이런 것들을 우리네 눈으로 보면 표피적으로 변천하는 것으로 보이겠지만 보다 대국적 안목으로 보면 그 자락에 기르는 중생들의 유전일 것이고 어찌 산의 본모습의 변환이겠는가. 산의 본모습인 흙은 흙대로 바위는 바위대로 거기 자리한 것 아니겠는가. 언제 보아도 그 자리에 그 모습으로 의연한 것, 그것은 산이 아니고 또 무엇이랴. 다시금 반추되는 공자님의 말씀. 산은 언제 보아도 혼자일러라.

산은 늘 그 자리에 있어 좋아라. 산은 언제나 그 모습이어서 외경스러워라. 산은 몇 푼 되지 않는 이문에 속살을 드러내지 않아서 좋아라.

(창조문학. 통권 14. 1994.)

청량산 등반기

淸凉山은 해발 800m가 넘는 경북도립공원으로 지정된 산이다. 청량교를 지나노라면 공원 한편에 퇴계 선생님의 시비가 서있다. 입비한 지 얼마 되지 않는 시비인데 부실 공사 탓인지 벌써 비신의 일부가 파손되어 있다. 씁쓸한 감회가 머리를 무겁게 한다. 숱한 세월 속에 인간이 남기려는 흔적들은 저처럼 힘없이 떨어져 나가는 돌 조각 파편일는지도 모르겠다. 도립공원으로 지정된 산이라서 큰 기대를 걸고 시작된 등반인데 퇴계 선생님의 마스러진 시비가 나를 우울케 한다.

계곡은 아름답다고는 할 수 없다. 계곡을 옆으로 하기도 하고 가로지르며 뚫린 차도는 여느 산골 국도를 지나는 느낌, 그 이상은 되지 못한다. 오르는 방향을 중심으로 왼쪽 산의 울창한 나무숲과 오른쪽의 깎아지르듯 날카로운 봉우리들이 그런 대로 눈요기를 풍성하게 해 준다.

험한 산봉우리들은 퇴적암층이라는 것을 쉽게 알 수 있다. 그러니 이 산은 태초에는 바다였을 것이고, 그 바다의 펄과 자잘한 돌들이 수억 년을 지나는 동안에 대지의 압력에 의해 다져지고 뭉쳐서 저 거대한 바위덩어리가 되고 그 바위덩이 일부가 융기되어 솟아난 산이 바로 청량산의 예리한 봉우리가 되었으리라.

봉우리가 뾰족하니 오르는 산세 또한 대단히 날카롭다. 산 벼랑 중허리를 뚫고 형성된 등산로는 오르는 곳곳이 아슬아슬하기만 하다. 한참 오르다 보니 내 눈어림으로 백 m는 족히 되어 보이는 뚝 떨어진 낭떠러지 아래 응진암(應眞庵)이 자리하고 있다. 스님들은 어떻게 이리 괴기하고 아름다운 곳을 찾아 부처님을 모실 수 있었을까? 아마도 부처님의 진리에 말씀의 파장이 영원을 호흡하고 있는 탓이리라. 산세의 웅장함 탓인지 그 아래 가까스로 자리한 응진암의 규모가 옹색한 느낌마저 든다. 이 암자에서 정상으로 오르는 길의 왼쪽은 아슬아슬한 낭떠러지다. 사타구니가 서늘해진다. 더구나 혼자 오르는 길인데다 초행이어서인지 전율감이 더해지면서 불안, 공포, 기대감이 뒤범벅이 된 묘한 심적 상태에서 발걸음은 자꾸 빨라만 진다.

날씨는 30도를 오르내리니 땀은 온몸 구석구석에서 스멀스멀 기어 내린다. 이따금 울어대는 산새와 온통 산을 뒤덮은 숲, 그 사이에서 우는 매미소리가 이 산의 정적을 깨뜨리고 있다. 평소엔 청신한 매미소리도 오늘따라 별로 흥취롭지 못하다.

이 산은 赤松이 참으로 많은 산이다. 춘향목이라고 하는 이 소나무는 언제 보아도 멋깔스럽다. 저 멋깔스러움 때문에 예로부터 선비의 풍류에 대비되었으리라. 큰 소나무 하체마다 빗살모양을 이룬 톱날 자국 상채기가 선연하다. 일제의 잔악한 잔재의 흔적은 아직도 이 산 소나무 그루마다 또렷이 남아 있다.

오르는 길이 가파르니 숨 또한 가빠진다. 이마에서 뚝뚝 듣는 땀방울은 이슬비 내리는 날 초가집 처마 끝이 연상된다. 군데군데 위험한 요소가 널려 있다. 한 발짝만 헛디뎌도 황천객이 되기

십상인 그런 요소들이다. 다행한 것은 여름이어서 칙칙한 숲과 그 잎들이 위험한 곳을 가려주고 있다는 것이다. 해서 시각적인 공포감을 감해준다. 정상이 가까워질수록 산은 더욱 험준해진다. 도대체 나는 무얼 어떻게 하겠다고 이 험악한 산을 길동무도 없이 혼자 들어섰다는 말인가? 인기척이라고는 찾아 볼 수도 없는 이 험준한 산 속에서 조그만 사고라도 일어난다면 나는 어찌될 것인가? 생각할수록 무모하고 바보스런 내 행동이다. 그렇다고 등반을 중단할 수는 없다.

도립공원으로 지정된 산인데도 위험지역 표시는 고사하고 등산로 안내 표지판도 없다. 궁벽한 길목으로 들어선 탓이리라. 지금 나는 이 험준한 산 속에서 바닥 모를 심연과 아슬아슬한 놀이를 되풀이하고 있는 셈이다.

후회와 고독, 나는 이런 것을 즐기기 위해 이 산을 무모하게 혼자 오르고 있는지도 모른다. 회한 뒤에 오는 고독은 한 인간을 정신적으로 보다 살찌게 할 수도 있다. 한 고비를 넘길 때마다 묘하게도 기쁨은 증폭되니 알다가도 모를 내 마음이다.

수억 년을 버티어 온 이 산. 나는 이 산자락 한 모서리에 자생하는 박테리아 같은 미생물이 되어 이리 거대하고 영겁의 세월을 버티어 온 청량산의 체모 앞에 할딱거리고 있는 것이다. 저 영겁의 세월 속에 50년이라는 하찮은 나이테로 허우적거리고 있는 것이다.

톱날 상채기를 아프게 아우른 노송에서 나는 '위~ 위~' 하는 맑은 바람소리는 이 산 전체의 숨소리인지 모르겠다. 이 세상 어디에서 저보다 곱고 깨끗한 소리를 만날 수 있으랴. 어찌 들으면 물소리 같고 또 어찌 들으면 폭포소리 같기만 하는 저 소리. 날카로운 톱날 상채기를 견디지 못해 쓰러진 소나무 고목등걸에는 푸석한 먼지와 바짝 마른 파란 이끼만이 남아 아직까지 살아남은 이웃 늙은 소나무와 극적 대조를 이루고 있다.

돌이켜 보니 내 나이와 소나무 상채기는 거의 동갑쯤 될 거라는 생각이 든다. 저 소나무가 50년 동안 상처를 안고 온갖 풍상을 견디어 냈다면 내 또한 그 같은 상채기로 교직되어 살아온 인생이 아닌가. 노송의 상처가 더욱 정겨워 보인다.

정상으로 직행할 수 있는 능선에 드디어 오르다. 그러나 숲에 가려 어느 한 지점도 조망할 수가 없다. 조금은 답답하다. 밑자락과 먼 곳을 볼 수 있으면 조금 시원해지련만 하늘을 가린 숲은 이를 용납하지 않는다. 오르기도 하고 내려가기도 하며 반복적으로 종주를 한다. 오를 때보다 땀은 덜 흐른다. 정상이 가까웠으리라 짐작되는 지점에 이르니 300년쯤 묵어 보이는 노송이 정정히 서 있다. 외경스러움과 여유를 동시에 느낄 수 있는 소나무다. 도연명도 저 같은 소나무에 반해 해가 져버렸는데도 집에 돌아가지 못하고 서성이며 노송을 매만졌으리라.

'이 고비만 넘기면 이제는 정상이겠지.' 하고 오르다 보면 또 다시 막아서는 입석군들. 넘어도 넘어도 나는 바위 앞에 있고 정상은 눈앞에 다가서지 않으니 암담함과 왜소함, 그리고 무서움이 수없이 교차한다. 또 다시 막아서는 거대한 바위벼랑. 가슴은 더욱 두근거리고 두 다리의 힘은 순간에 빠져나간다. 침착하자. '호랑이 등에 업혀가도 정신만 차리면 산다.'고 하지 않았던가. 이럴 때일수록 침착해야 한다. 가만히 주변을 살펴보니 칼날 같은 바위 위로 등산객의 족적이 희미하게 보이고 손때가 묻은 자작나무가 바위 틈새에 자라고 있다. 됐다. 바위모서리와 자작나무가 손에 잡히는 순간 휴우 한숨이 나온다. 땀으로 뒤범벅이 된 바지는 척척 감겨 보폭을 좁혀주니 더욱 위험하다. 명은 하늘에 딸린 것 아닌가(有命懸在天). 이번이 마지막 위험코스였다는 생각이 든다. 왜냐하면 그 고비를 넘고 나니 정상이 바로 눈앞에 있으니 말이다.

최대 위험지대를 벗어나 평이한 길을 따라 우회해서 도착한 지점은 시원한 바람이 가슴팍 땀을 씻겨 주고 축축이 젖은 가랑이를 서늘케 해 주는 말잔등 같은 곳에 이른다.

나는 여름철을 별로 좋아하지 않는다. 그러나 여름 산에서 맛보는 시원한 바람은 가히 환상적인 것이다. 더구나 이 험준한 산속에서 수없이 많은 위험고비를 넘기고 정상을 바로 눈앞에 두고 맛보는 그 기막힌 바람 맛이란……. 다시 무슨 말이 필요하랴.

정상을 힐끗 오려다 보니 수직에 가까운 수십 길의 바위벼랑이 버티고 있다. 벼랑 사이사이에는 이름 모를 잡초만이 정상 근처의 세찬 바람에 외롭게 떨고 있다. 그 떠는 모습이 이 산 속에서 혼자 외롭게 떨고 있는 내 모습인지도 모르겠다. 다시 오르기로 하자. 정상으로 통하는 길목은 그렇게 어렵지 않다. 뾰족하게 돌기한 바윗결이 오름을 용이하게 해 준다. 아까 생각을 정리한 탓인지 마음은 한결 가볍고 가라앉는다. 오랜만에 볕을 만나는 길목이다. 그러니 나는 여기에 오르기 전까지 줄곧 숲 속 터널만을 지나온 셈이다. 바위등걸에서 전달되는 복사열이 가벼운 현기증을 일으키게 한다. 드디어 너럭바위에 다다른다. 정상이다. 십여

명이 앉아도 될 만큼 넓은 바위다. 바로 곁에 또 하나의 바위벼랑이 우뚝 서 있다. 이 벼랑은 누구의 도전도 거부한 채 오연히 서 있다. 마치 인간의 한계를 비웃는 듯, 거부하는 몸짓으로… 저 거만한 바위는 수억 년을 저렇게 서 왔었고 또 내가 이 지상을 떠난 뒤에도 또 그렇게 수십 억년을 서 있을 것이다. 갑자기 밀려오는 고독함과 왜소함. 코끝이 시큰해진다. 야호를 외쳐대고 고개를 들어 사위를 조망해 본다. 발아래는 산들이 끝없이 파도처럼 펼쳐져 있다. 멀리 동북방으로 일월산이 가로막고 이 산을 중심으로 태백산 준령이 화폭처럼 아름답다. 먼 산을 제외하고 청량산에서 가까운 산들의 등성이는 온통 옛날에 화전으로 일군 밭들이다. 저렇게 높은 곳에 어떻게 농토를 일구었을까? 선인들의 땀 밴 한숨소리가 들리는 것 같다. 이 산에서 보는 조망감은 신비스러움을 잃고 있다. 다만 남쪽 조망과 서남간의 조망만이 인간 내음이 나지 않아 그런 대로 좋다. 반석 위에 조용히 무릎을 꿇는다. 그리고 여느 때처럼 천지신명에게 기도를 올린다.

조심조심 하산을 시작한다. 땀으로 범벅이 된 바지자락은 위험스런 하산을 더욱 위험스럽게 한다. 말잔등 같은 고개 마루에서 원주서 왔다는 세 남녀를 만났다. 이들은 산행코스를 잘 알고 있었다. 청량사로 가는 길을 물으니 소상하게 설명해 준다. 산사람은 언제나 마음들이 맑다. 그중 한 여인이 '절(寺)로 간다고 절로(죽을 수도 있는 길) 가지 말라.'며 농담을 한다. 혼자 내려가는 하산인데 농담치고는 좀 심하다는 생각이 든다. 그네들이 가르쳐 준 대로 들어선 길은 매우 수월하다. 이리 좋은 길을 두고 그리 고생을 하다니… 그렇다고 후회할 것은 없다. 수없이 위험한 고비를 넘기긴 했지만 초행길이 오히려 전화위복이 되었다는 생각이 든다. 만약에 애당초 청량사로 산행을 잡았다면 이 산 묘미의 만끽은 고사하고 옛스런 정취를 찾아볼 수 없는 청량사에 나는 많은 실망을 하고 말았을 것이다.

청량사에서 아래쪽으로 淸凉精舍라는 제법 고풍스러운 한옥 기와집이 있다. 집은 덩그런데 사람의 그림자는 어느 구석에서도 찾아볼 수가 없다. 마당에는 질경이, 바래기 등 잡초만이 무성한데 어느 풀섶에선가 두꺼비가 어기적어기적 기어 나올 것 같은 음침한 기분에 사로잡힌다. 액호의 글씨가 그리 속되지 않다. 높은데 위치하다보니 낙관을 확인할 수가 없다.

암소 오줌 줄기만큼 흐르는 계곡 물에 이마의 땀을 식힌다. 산이 악급하다 보니 계곡이 깊지 못하고 계곡이 깊지 않으니 물의 흐름이 보잘것없다. 이런 점에서는 영암의 월출산 계곡과 흡사하다는 생각이 든다.

묵연히 앉아 생각을 좇는다. 문득 처연한 생각이 든다. 어쩜 내 평생에 다시는 이 산에 오르지 못할 것이라는 생각이 든다. 지금 발밑을 흐르는 물은 예서 멀지 않는 낙동강 본류에 흡수 될 것이고 이 산을 휘감고 도는 낙동강 물은 또 저리 흘러갈 것이다. 내 흙으로 돌아간 뒤에도…

낙동강 물은 여울지고 펑퍼지며 굽이굽이 돌아 바다로 흘러갈 것이나 나는 상채기로 얼룩질 수밖에 없는 가늠할 수 없는 인생 역정을 늙고 병들고 부대끼며 살다 종내는 푸석하게 되고 말 것이다. 한없이 허허로운 감회에 젖어 하산을 잊는다. 그러나 이렇게 앉아 있을 수만은 없는 것.

열심히 내려오다 보니 행락을 앞세운 등산객 몇 사람이 오디열매를 열심히 따먹고 있다. 뽕나무 쪽에서 본다면 산새나 인간이 뭐 다를 게 있으랴.

하산 길이 수월한 탓도 있겠지만 서두른 탓으로 2시간이 채 걸리지 않아 차도에 닿는다. 안도의 한숨. 길가 풀섶에 털썩 주저앉는다. 시간은 오후 2시가 조금 지났다. 그러니 나는 이제껏 이 산을 정복하기 위해 7시간이 넘도록 보행을 계속한 셈이다. 그것도 초행인데다 혼자서 말이다. 아침 7시 20분에 三洞국민학교에서부터 걷기 시작한 산행이 이제 끝을 맺은 것이다. 건강과 생명의 환희를 만끽한 그런 산행이었다.

(창조문학. 신인상수상 작품. 1992. 봄호)

고향

"고향."

얼마나 우리를 가슴 설레게 하고 추억으로 배부르게 하는 단어인가!

이 단어처럼 다중적 의미를 지니는 단어가 또 있을까? 생산적일 수도 있고 회고적일 수도 있으며 귀의적일 수도 있고 때로는 퇴영적일 수도 있는 의미를 함축하고 있는 이 단어는 긍정 지향적이면 각자의 발전을 촉진시킬 수도 있으나 부정적 지향성을 지니게 되면 배타성으로 발전해서 지역편견으로 발전할 수도 있는 묘한, 그래서 무섬증이 들곤 하는 단어가 아닌가.

내 고향은 전남 영암읍 장암리이다. 몇 년 전까지만 해도 본면에 속해 있었으나 영암면이 읍으로 승격되면서 읍내에 편입된 촌락이다. 호남의 명산 월출산이 정면으로 한눈에 들어오는 마을. 학성산(일명 활성산)을 진산(주산)으로 하고 좌청룡에 월출산, 우백호에 황룡산(영보마을 뒷산)을 거느린 마을. 월출산 골짜기 물과 학성산 골짜기 물이 합수해서 서쪽 영산강으로 흘러드는 풍수지리학적 명당 요건을 갖춘 그런 촌락이다.

나는 이 마을(남평문가 집성촌)에서 태어나 청소년 시기의 중반까지를 보낸 뒤 잠시 광주에 진출했다가 서울에 정착한 이래

어언 40에 가까운 세월을 객지에서 살고 있다.

강산이 네 번쯤 변할 수 있는 세월이 흘러갔건만 나의 고향에 대한 그리움은 감쇄되기는커녕 오히려 점점 더 그 그리움의 농도가 짙어지면서 발병 직전에까지 다다른 느낌이다.

우리네 삶이란 때때로 팍팍한 것이어서 그 허허롭고 고달픔이 지속되거나 깊어질수록 귀숙하고 싶어지기 마련인데 이때 제일차적으로 떠오르는 것이 고향일 것이다.

이럴 때 나는 하루에도 수십 번씩 그 고향에서의 가난했으나 아늑했던 삶과 포근하고 안온했던 향취로 해서 온몸이 노곤해지면서 한숨으로 발전하곤 한다. 어찌 이뿐이랴. 전신을 스멀스멀 기어오르는, 물안개처럼 피어오르는 그리움으로 해서 나는 더러 우울증에 빠지기도 한다.

이제 고향에는 나를 끝없는 용서와 사랑으로 감싸주셨던 어머님이 생존해 계신 것도 아니고 엄숙하시면서도 당신의 육체적 고통을 환한 웃음으로 승화시키셨던 아버님이 계신 것도 아니건만, 내게 있어서 고향은 그냥 그렇게 그리움과 설렘으로 나를 꽁꽁 묶어놓곤 한다.

어느 해 여름휴가 때 고향에 들러 어머님을 뵈었을 때 어머님께서는 김을 매시느라 뙤약볕에 달구어진 뜨거운 지기를 쐰 탓으로 얼굴이 온통 퉁퉁 부어 있으셨다. 내가 고향집에 들어서던 그 때 어머님의 그 모습이 어찌 그리도 고달파 보이는지 나는 지금도 그때의 어머님의 모습을 잊을 수가 없다. 순간 나는 어머님께 등물이라도 해드려야겠다고 생각하고 허리가 굽어 걷는 것조차 불편하신 당신을 샘가로 모시고 갔다. 그러나 어머님께서는 당신의 더위, 당신의 고달픔, 당신의 아픔을 멀리한 채 나부터 등물하기를 주장하시는 것이었다.

여름 내내 김을 매시느라 갈퀴처럼 굽어지고 굳어진 당신의 손가락 마디마디. 그러나 어머님의 그 굳어진 손가락은 목화솜보다 부드러운 것이었다. 나는 그날 세상에서 가장 부드러운 어머님의 손길을 만났던 것이다. 나는 그 순간 아늑한 행복에 젖은 채 어머님께 등물을 해 드렸었다. 그 당시 어머님께서는 칠순을 넘기신 탓으로 당신의 젖가슴은 쭈글쭈글하게 말라 있었다. 나는 어머님의 가슴을 씻어드리고 젖꼭지를 만지작거리면서

"어머님! 내가 이 젖 먹고 자랐어?"

"그럼 이놈아, 뭐 먹고 자랐냐."

그때 씻어 드렸던 어머님의 젖가슴. 그 뒤로 나는 다시는 어머님의 가슴을 씻어드릴 기회를 갖지 못하고 말았다. 이젠 고향 어디에도 어머님의 체취와 유혼은 찾을 곳이 없다. 당신이 떠나신지 10년이 지난 덩그런 어머님의 무덤가에는 엉겅퀴와 도토리 끄르텅과 춘란 몇 포기만이 자생할 뿐이다. 저 세파에 시달리시고 가난에 찌든, 해서 여느 어머님보다 갑절이나 주름이 더 하셨던 어머님의 얼굴과 앞가슴. 그런 당신의 가슴을 내 지금도 만질 수 있다면 얼마나 행복할까만…….

이런 사계 중 어느 계절이라고 해서 고향의 추억으로 무늬 지어진 계절이 없으랴마는 특히 내 고향 여름밤의 추억은 무척이나 낭만적이었다고 할 수 있으리라. 저녁식사를 끝낸 뒤에는 으레 가족끼리 모여 앉아 얘기꽃을 피우게 되는데 그 중 어머님께서 들려주신 칠월칠석날밤의 오작교 이야기는 지금도 내 가슴속에

각인되어 있다. 그래서 칠석날만 되면 나는 어머님과 고향을 아스라이 회억하게 된다.

여름밤이면 늘 죽상을 마당에 내놓고 그 위에서 벌렁 누워 있노라면 금방이라도 쏟아져 내릴 것 같은 주먹보다 더 큰 별무리들. 나는 그 별들을 쳐다보며 별 세기 놀이를 누나나 동네아이들과 하곤 했었다.

"별 하나 따서 구워서 불어서 바구니에 담고 별 둘 따서 구워서 불어서 바구니에 담고……."

이렇게 열까지 숨을 쉬지 않고 하는 놀이였는데 빈번히 세기에 실패하곤 했었다. 내 그런 놀이를 하다 슬며시 잠이 들면 어머님께서는 당신 치맛자락으로 덮어주시거나 홑이불로 감싸주시곤 하셨다. 그때의 포근했던 잠 맛.

온 마을을 찌렁찌렁하게 울어대던 말매미 소리가 석양을 알리는 계절이 어느새 지나고 그 널따란 들녘에 누릿누릿 벼이삭이 익기 시작하면 하늘은 한껏 푸르고 대기는 상큼한데 학성산을 온통 뒤덮은 들국화와 억새꽃 무리들. 그런 때쯤이면 들녘에선 가을걷이가 시작되곤 하는데 이럴 때 나는 으레 아버님 뒤를 따라 벼를 벤다든지 콩을 거두는 일을 돕곤 했다. 어쩌다가 조금 일찍 일을 끝내고 들판길을 따라 집으로 돌아올 때 멀리 뵈는 회화정 고목 감나무에는 빨간 감들이 주렁주렁 매달려 있었다. 그런데 그 붉은 감들은 하나하나가 한 떨기 꽃 바로 그것이었다. 힘에 부치게 볏단을 지고 끙끙거리다가도 온통 꽃나무로 변한 그 고목 감나무를 바라보노라면 피로는 멀리 달아나고 그 화려하고 풍성함에 취해 갈 길마저 잊곤 했던 시절. 해서 지금 나는 감나무를 사향수라고 부르곤 한다.

고향에 대한 추억이 어찌 이것뿐이랴. 컴컴한 여름밤 맨발로 골목길을 달리다가 가로질러가는 꽃뱀을 밟았던 그 써늘한 감촉, 봄날 긴긴해에 저녁끼니를 기다리다 지치고 허리가 휘었던 배고픔, 겨울밤 서당에서 글을 읽다가 빈속을 견디다 못해 닭서리나 무구덩이를 덮쳤다가 실패로 끝나고 죽어라고 도망쳤던 일 등등…….(지금은 이런 행위는 도둑으로 몰리게 될 것이다.)

이런 추억은 어찌 나에게만 국한된 것이랴.

이렇게 보면 고향은 우리 모두를 온통 추억으로 배부르게 하고 면 회억으로 끌고 가는 마력을 지니고 있다고나 할까? 이런 정감의 끄르텅은 아마도 우리네의 어린 시절을 키워주었던 낭만과 꿈이 얽히고설킨 탓이리라. 객지생활 40년이 가까운 지금에도 나는 고향이라는 말만 들어도 가슴이 벌렁거리고 더러는 코끝을 시큰하게 하며 아련한 추억의 수렁으로 빠져들게 한다. 이럴 때마다 나는 마음속으로 다짐을 하곤 한다. 애향심이 편견을 다지는데 이바지해서는 아니 된다고.

고향! 너 영원한 종교여! 귀숙처여! 천형과 같은 낙형이여!

(창조문학. 1995. 가을호)

禾也山의 어혈

경춘가도를 따라 청평 쪽으로 가다보면 청평읍 못미처 원대성리라는 몇 가구 되지 않는 마을이 있다. 이 마을 앞에는 북한강이 곤곤히 흐르고 있는데, 강을 건너면 삼회리라는 마을이다. 60년대 후반까지만 해도 이 마을에는 전화(電化)가 이루어지지 못했던 한적한 산골마을이었다. 70년대 초반에 전기가 들어오자 이 골 사람들은 이를 기념한 비를 동구입구에 세워놓기도 했다.

삼회리를 가로질러 계곡을 따라 2시간 넘게 산행을 하다보면 750고지의 禾也山 정상에 이르게 된다. 이 계곡을 이골 사람들은 큰골이라 부른다. 그만큼 수량도 풍부하고 계곡도 깊고 아름답다. 계곡 군데군데에는 내리쏟는 물줄기가 폭포를 만들기도 하고 소를 만들기도 하며 잔잔한 여울을 만들기도 한다. 그 뿐이랴. 빽빽이 들어찬 숲과 주변의 기암절벽은 서로 어울려 계곡 수와 조화를 이루니 완연한 한 폭의 동양화다.

가을철 단풍이 흥청거릴 때는 인간들로 북새통을 이루는 설악산이나 지리산에 못지않다고 여겨지는 그런 산이다. 가을만이 아니다. 잎이 가지를 떠나고 낙엽이 발목을 덮고 눈발이라도 흩뿌리는 날 이 계곡을 오르노라면 고드름 사이로 흐르는 청간수와 그 물이 일궈 놓은 소에 이미 진 낙엽들이 말간 물 속에서 재생을 꿈꾸듯 차분히 누워 있는 것이 신비스럽기마저 한 계곡이다. 그러나 큰골은 삼회리에 전기가 들어오면서부터 그 원초적 조촐한 모습을 잃어갔다고 할 것이다. 어디 그 뿐이랴. 그 마을 윗자락에 여의도 모교회에서 금식 기도원을 짓고 나서부터 이 계곡은 중병을 앓기 시작했다. 말간 계곡 물은 이곳을 드나드는 사람들의 땟국으로 오염되고 옥옥 부는 송뢰만이 들리던 계곡과 산자락에 인간들이 토해내는 너절한 음향들은 잣새의 울음을 멀리멀리 쫓아내고 말았다.

이것이 화야산 초입의 환경파괴 현장이라면 중턱에도 그 훼손은 한결같다. 중간쯤 오르다 보면 흑염소를 방목하는 소규모 목장이 나온다. 옛날 화전민이 살았던 집터를 중심축으로 일군 목장인데, 방목되고 있는 흑염소는 아마 기백 마리쯤 될 것이다. 정상으로 오르는 주변 산등성이를 중심으로 이 염소 떼들은 떼거리로 몰려다니며 주변의 모든 초목들을 결딴내고 있다. 염소 키가 닿는 곳에 있는 떡갈나무, 칡넝쿨들은 말할 것도 없고 모든 풀뿌리를 다 먹어 치우니 주변은 온통 황폐한 공간으로 변해가고 있는 것이다. 그 맑디맑은 계곡 물은 염소들의 배설물로 오염되고 더럽혀져서 마시기 더러운 오염수로 변해버린 것이다.

능선에 올라서면 참나무·엄나무·단풍나무·잣나무 등으로 하늘을 가린 능선길은 가히 환상적이다. 뜨거운 여름철에도 숲을 지나온 푸른 바람이 가슴을 헤집고 들어오니 마냥 걸어도 지치지 않는 코스의 능선길이다. 주변의 나무숲만이 아니고 오르다 내려가다 다시 평평해진 지세는 연인과 손을 꼭 잡고 걸어도 안성맞춤인 듯한 코스이다. 그런 오솔길 같은 능선에 언제부터인가 어느 광신도가 원두막 같은 집을 짓고 기거하고 있다. 주변 나무들을 무참히 베어내고 얼기설기 지은 원두막. 싱싱한 나무등걸을 기둥 삼아 철사로 칭칭 동여매고 못질을 해 엮은 뒤 양계장이나 온실지붕으로 사용되는 담요 비슷한 천으로 방풍의 벽을 치고 그 위에 비닐로 지붕과 벽을 덮씌운 이 원두막(광신도의 집). 대한민국 국민으로 헌법에 보장된 거주 이전의 자유가 있으니 뭐 탓할까마는 그 원두막 주인이 버려놓은 비닐조각, 스티로폼, 플라스틱 통, 그리고 찢어진 담요조각 천들, 시장 뒷골목 쓰레기장을 방불케 한다. 그 주인공이 찾는 신이 이런 현장을 목격한다면 그래도 천당이나 극락정토행 티켓을 주실는지 의심스럽다.

750고지에 오르면 시야는 사방으로 트인다. 동남쪽으로 용문산이 아련히 보이고 북동쪽으로 경기도에서 제일 높은 화악산을 비롯해서 명지산·운악산·축령산이 시야에 들어온다. 굽어보면 발아래 북한강 줄기가 정겹게 굽이쳐 흐르고 청평호수 한 자락이 청목비단을 펼쳐놓은 듯 잔잔히 거기 있다. 이처럼 아름다운 조망을 이루는 정상이지만 바로 발아래는 H字가 흰돌로 표시된 헬리콥터의 착륙장이다. 봉긋한 정상을 깎아내고 밀어내고 해서 구축된 진지. 한때의 어두웠던 시대를 배경으로 등장한 비상시 시설물이겠지만, 나는 정상의 원모습이 망가진 이 공간에 서서 이념의 상흔에 한숨을 지을 수밖에 없다. 더욱이 산안개라도 엷게 낀 가을날 이 정상에 서서 남서쪽을 조망하면 가물가물 펼쳐진 크고 작은 산들이 빚어놓은 파도굽이는 세속에 찌든 내 가슴을 말끔히 씻어내면서 코끝이 시큰해지게 한다. 아! 저 광활하고 숭고한 자연 속에 한 점 티끌로 사라질 나의 존재. 이곳에 인간은 무궁한 영겁과 거룩함을 뒤로 한 채 서로를 감시하고 파괴하는 시설물을 만들다니…….

정상을 멀리하고 오르던 방향과는 반대방향 능선을 타고 내려오다 다시 계곡으로 꺾어 내려오게 되면 구암 나루터에 이르게 된다. 그 나루터 어귀에는 쓰레기를 버리는 시설물이 설치되어 있고 그 곁에는 경고문이 씌어진 게시판이 서 있다. 그런데 그 게시판에 씌어진 경고문은 다음과 같다.

"이 곳에 쓰레기를 버리는 자는 도끼(문자언어가 아닌 그림문자임)로 팔목을 잘라 버릴 것임."

'도끼'라는 문자언어보다 그림문자 탓인지 더욱 섬뜩하다. 온몸에 소름이 끼친다. 회교도 율법보다 더 충격적인 이 문구는 게시판을 써 붙인 당사자의 잔인성 노출을 탓하기 전에 외지인들이 얼마나 주변을 더럽히고 환경을 파괴했으면 저렇게까지 극단적 표현을 했을까? 슬퍼진다.

환경파괴의 일차적 단계가 인간이 자연을 상대로 저지르는 행위라고 한다면, 이차적 단계는 인간이 인간을 전락시키고 서로를 파멸시키는 단계로 변모시키게 된다는 것을 이 게시문은 극명하게 보여주고 있는 셈이다.

이런 환경파괴가 비단 화야산에만 국한되랴. 이 나라 국토의 구석구석은 지금 이 시간에도 파손되고 망가져 어혈지고 있을 것이다. 그 주범들은 자신의 광중을 파고 있다는 것을 알지 못한 채.

(창조문학. 1995. 봄호)

고향, 그 잃어져 가는 것들

금년으로 나는 타관살이 삼십 년을 맞는다. 50년대 후반 광주로부터 시작된 나의 타향살이는 60년대초 서울 정착으로 굳어졌지만, 고향은 언제나 내 의식의 전부를 지배해 오곤 있다. 그 의식과 추억은 30년의 세월 속에 빛이 바래질 수도 있으련만 퇴색은커녕 영암 개펄에 뛰노는 짱뚱어의 생명유희 만큼이나 싱싱하게 가슴에 인각된 채 오늘에 이른다. 이런 탓으로 옛 시인은 '胡馬는 북풍만 불어도 눈물을 흘린다' 했으리라.

나는 어렸을 적에 남과는 달리 아버님을 더 좋아했던 것 같다. 그래서 잠을 잘 때도 늘 아버님 품에 안겨 자곤 했다. 그 포근한 가슴. 그런 탓인지 아버님께서 혹 출타라도 하셨다가 밤늦게 돌아오실 적에는 으레 내 이름부터 부르시는 것이었다. 그 때의 정이 뚝뚝 듣던 아버님의 목소리는 당신이 가신 15년이 지난 지금에도 생생키만 하다. 어디 그뿐인가. 내 어릴 적 다녔던 서당에 매일 밤 출근하시다시피 하시던 아버님은 초저녁부터 서당 선생님(復齋 文義善)과 마주 앉으셔서 내 공부를 격려하시다가 은하수가 서로 설핏 기울 때쯤 집으로 돌아가시곤 하셨다. 오늘날 내가 명색이 국문과 교수로 재직하고 있음도 이때 아버님의 정성으로 길러진 한문공부가 바탕이 되었음은 물론이다. 지금 생각해 보면 당신께서는 자식을 공부시키는 데 경제적 뒷받침이 충분치 못한 물질의 결핍을 당신의 혼신의 정으로 격려하신 듯싶다. 이렇듯 자식의 학문성장에 정성을 붓쏟으셨던 당신께서는 내가 대학원에서 석사학위를 받기도 전에 이승을 하직하고 마셨으니……. 내 좀더 빨리 정신을 가다듬어 공부했던들 돌아가시기 전에 한번쯤 크게 웃게 해드렸을 텐데……. 아버님이 작고하신 일년 뒤 나는 석사학위 논문 한 권을 아버님 유택 앞에서 소각하며 용서를 빌었지만 그렇다고 해서 내 회한의 눈물이 마르는 것은 아니다. 석사학위를 받기 위해서 모시지 못했던 불효. 지금도 나는 서울거리를 지날 적마다 생전의 아버님 모습처럼 턱수염이 길게 늘어진 분들을 대할라치면 잠시 숙연해지곤 한다. 광주에서 苦學으로 고등학교를 다니던 시절. 방학 때 시간을 내어 고향에 들르면 어머님께서는 어미소가 새끼소의 더러운 곳까지 핥듯 맹목적인 사랑을 베푸시는 것이었다. 며칠을 보낸 뒤 광주로 올라올 때는 그 찌는 듯이 더운 여름날이 되었건 살을 에듯이 불어싸는 하늬바람 부는 날이 되었건 가깝게는 월등잔등까지 멀게는 영암읍 버스정류장까지 배웅을 하시면서 못난 자식의 뒤를 따르는 것이었다. 더우실 테니 그만 돌아가시라고 만류해도 추우실 테니 들어가시라고 해도 막무가내로 뒤를 따르시던 어머님. 어이 그뿐이랴. 수입이라고는 한 푼도 없는 당신께서 어떻게 마련하셨는지 (아마 남의 집 밭을 매고 번 돈이리라) 품안에 꼬깃꼬깃 접어두셨던 지폐 몇 장을 내 손에 꼭 쥐어 주시며 몸조심하라고 골백번 이고 되뇌시던 어머님. 나는 아버님께 미쳐 못다 했던 효도를 어머님께 해드릴 양으로 전력투구를 해보았으나 심한 노동으로 지쳐 무거워진 다리를 끄시며 월등잔등을 넘으시던 그 애틋한 정의 천분지 일도 보답해 드리지 못한 상태에서 어머님마저 여의고 말았으니……. 지금도 나는 고향을 떠올릴 적마다 내 불효의 회한과 한숨이 되살아나곤 한다. 게다가 양친 부모님마저 여의고 나니 고향마저 잃어져 가는 것 같아 이리 안타까울 수가 없다.

6~7년 전 우연히 고향에 들렀다가 뜻하지 않게 지방관리들과 자리를 함께 한 적이 있었다. 여러 이야기 중에 활성산(일명 학성산)의 土城 보존에 대해 언급한 적이 있었는데 그 뒤 활성산에 올라보니 보존은커녕 황폐 일로에 있었다. 또 하나의 고향에서 잃어져 가는 현장. 이 글을 쓰고 있는 나도 활성산의 토성이 어느 시기에 어떤 경로로 축조되었는지를 모른다. 또 웃어른들로부터 그 유래담을 들어본 적도 없다. 단지 4대문의 흔적을 뚜렷하게 가늠해 볼 수 있는 훌륭한 토성인 것만은 분명하다. 그러나 이같이 훌륭한 토성이 10여년 전 고향을 찾았을 때 답사해 보니 어느 재벌의 목장으로 변해 있었다. 토성의 기단 흔적은 말할 것도 없고 4대문의 흔적도 알아 볼 수 없는 지경이었다. 경제발전 얼마나 좋은 것인가? 그러나 그 목장주(서광목장. 진로계열 회사로 알려짐)가 되었건 지방관이 되었건 문화유산에 눈곱만큼이라도 뜻이 있었다면 옛것을 뿌리째 뽑아 버리지는 않았으련만……. 그러나 지금이라도 늦지는 않았다. 하다 못하면 팻말이라도 세우고 그 흔해 빠진 안내판 하나라도 세워 원형만이라도 보존하려는 노력이 있어야 할 것이다. 누구라도 좋으니 시험 삼아 활성산에 올라 토성을 한번 밟아 보라. 북으론 광주 무등산은 물론 나주평야가 한눈에 들고 전남의 젖줄인 영산강 굽이굽이가 환하게 시야

에 들어오면서 멀리 목포를 지나 서해바다까지 바라 뵈니 선인들의 탁견에 그냥 놀랄 수밖에 없다. 선인들께서는 이렇듯 사방을 조망할 수 있는 고지에 성곽을 축조하고 외부로부터 침범해 오는 적을 막았으련만 모리에 눈이 먼 몰지각한 재벌들은 이를 허물어 목축장으로 돌변시켜 버렸으니 개발에 밀려난 내 고향의 모습이여!

며칠 전에 집사람이 백화점에서 새비젓(일명 토화젓)을 사와 밥상에 올려놓았었다. 나는 고향이 아니면 좀처럼 대하기 어려운 이 젓갈 맛에 반해 평소보다 과식을 할 수밖에 없었다. 그러나 나의 이런 과다한 식욕을 자식들은 이상하다는 듯이 물끄러미 쳐다만 볼 뿐, 도시 입에 대려고도 하지 않았다. 그래 나는 이 새비젓의 기막힌 맛을 알리기 위해 이 젓갈류의 재료며 만드는 방법까지를 소상히 설명해 주었지만 막내 놈만 마지못해 조금 찍어서 맛볼 뿐 큰놈과 집사람은 아예 냄새도 맡으려 하지 않는 게 아닌가. 더욱이 놀라운 것은 백화점 식품가게에서 토화젓 상표를 붙여 놓고 팔고 있지만 토화젓이 무슨 젓갈이냐고 묻는 자는 있어도 정작 사가는 자는 없다더란 판매원의 이야기까지 집사람이 전해 주었을 때 나는 그날 종일토록 실망에 젖을 수밖에 없었다. 아버지가 즐기는 영암 고유의 음식 맛이 자식에게 전달되지 못하는 현실. 이는 분명 맛에서 오는 부자간의 이질감이다. 이런 이질감이 심화되면 부자간의 갈등 요소로 발전되리라. 그렇다고 해서 내 자식들에게 새비젓을 먹을 것을 강요할 수도 없는 것이니 나의 안타까움은 더해 갈 수밖에.

생각해 보면 우리네가 고향을 그리워한다는 것은 일면 그 고향

고유의 맛을 그리워한다는 말과도 통할 것이다. 따라서 고향사람이 반가운 것은 너와 내가 동질적으로 공유하고 있는 것을 확인하는 절차라 해도 틀린 건 아닐 것이다. 그러므로 고향은 이런 동질성을 많이 보유하고 있어야 할 필요가 있다. 맛의 문화에 공감대가 형성되지 않으면 고향사람끼리의 친밀감 유대는 멀어지고 말 것이다. 그래서 나는 자식들에게 만이라도 그 동질성의 하나됨을 이루려는 뜻에서 조상 묘에 소분을 하게 하고 또 고향의 토속적인 맛에 익숙해지게 하기 위해 방학 때는 귀향길에 동행시켜 보기도 하지만 쉽게 동화되지 않은 것 같아, 발만 동동 구르는 형편이다. 더구나 부모님께서 모두 타계하신 뒤부터는 나마저 고향 찾는 경우가 뜨문뜨문해지니 고향은 자꾸만 멀어지는 기분이다.

내가 고향에 있을 때만 해도 장암리에서는 한가위를 명절로 쇠는 것이 아니고 중양절을 연중 가장 큰 명절로 쇠는 풍습이 있었다. 이때는 양력으로 치면 10월 달에 해당되므로 대기는 청량하고 바람은 선들선들하며 온 산 온 들녘은 누렇고 빨갛게 물드는 계절이다. 색깔만의 풍요로움이 아니라 오곡이 풍성한 때이니 중구절은 풍성 바로 그것이었다. 집집마다 감나무에는 빨간 감이 주렁주렁 매달리고 햅쌀로 빚은 술과 햅쌀을 찧어 만든 찰떡이 함지마다 가득 담긴 그런 날이었다. 이날이 오면 으레 아침 일찍부터 불청객들(고을 거지들)이 우리네 마을로 줄을 잇곤 하였는데 그들 중 성급한 무리들은 조상님께 차례를 지내기도 전에 들이닥치는 경우도 없지 않았다. 그런 불청객을 향해 주인들은 조상님께 차례를 지낸 뒤 대접하겠노라 하면 그네들은 점잖게 물러나면서(서울거지들처럼 억지를 쓰는 게 아니고) 항상 버릇대로 밥을 시켜놓곤 했다. 그럴 때면 내 어머님께서는 언제나 하시던 방식대로 한 상을 정성껏 차려 놓곤 했다. 차려 놓은 자도 그것을 먹는 자도 풋풋한 정이 물 흐르듯 했다.

그러나 지금은 너무나 많이 변했고 삭막해진 것 같다. 몇 해 전 가족과 함께 고향을 찾았을 때의 일이다. 읍에서 장암리까지 걷기도 뭐해서 내 가족들은 택시를 이용키로 했다. 그런데 그 택시기사의 저당 잡힌 서비스정신은 그날의 불쾌감을 자아내기에 충분했고 고향을 떠나온 며칠 뒤까지도 지속되는 것이었다. 어머님께서 당신이 생존해 계실 때 거지를 대접했던 그 따스한 인정과 고향을 찾는 길손에게 불손하게 베풀어졌던 반인정적인 택시기사님의 불친절은 너무 대조적이었다.(이 점 요사이는 많이 개선되었다고 들었지만…)

고향의 발전은 실향인들의 발전일 수도 있다. 그러나 그 발전을 외관적인 것만이 되어서는 아니 된다. 전통적으로 지니고 내려오는 정신적 포근함은 어느 분야보다도 가열하게 일어나야 되지 않을까? 이제 내 고향 영암은 거듭나야 한다. 뒤로는 왕인박사의 박학과 시혜정신이 되살아나야 하고 道詵國師의 선각자적 사상이 되살아나야 하며 孤竹先生의 시정신이 살아나야 한다. 따라서 낭산선생의 정치가적 맥락도 이어져야 할 것이다. 어디 그뿐이랴. 영암을 영암답게 하는 맛을 되살려야 하고 조그마한 문화유산이라도 보존하려는 정신을 길러야 하며, 내 어머님께서 베푸셨던 그 땡감 같은 풋풋한 인정이 다시 일어야 한다. 왜냐하면 가장 영암적인 것은 가장 전라도적이 될 수 있고, 가장 전라도적인 것은 한국적인 것이 되는 것이며, 따라서 세계적인 것이 되기 때문이다. 그러므로 내 고향 영암만은 거듭나는 가운데 전통적이어야 하고 획일화되어가는 속에서도 개성적이어야 할 것이다. 그러자면 우리 모두 각자가 언제 보아도 한결같은 월출산의 의연한 모습을 가슴속에 고이고이 간직하는 노력이 필요하리라. 영암, 너 영원한 나의 歸依處여!

(내 고향 영암. 1997.)

무지개

요사이처럼 연일 30도를 넘는 찜통 더위는 나를 무기력하게 하고 삶마저 지치게 한다. 그래서 나는 여름이 싫다. 비갠 뒤 작열하는 햇볕 탓으로 열기가 상승하면서 내뿜는 후텁지근하고 축축한 지열은 나를 여간 고통스럽게 만드는 것이 아니다. 그렇다고 해서 여름철이 온통 부정 일변도만은 아니다. 이 절기 때에만 만날 수 있는 즐겁고 행복한 사상(事象)들이 있어서 나의 삶을 살맛나게끔 하기도 한다. 그 중에서 특히 나의 삶을 역동케 하는 것은 비갠 뒤 시원스레 울어대는 쓰르라미 소리, 면화 솜처럼 부풀어 오른 뭉게구름, 그리고 어쩌다 하늘나라를 현란과 환상의 궁전으로 바꾸어 놓은 무지개가 그 대표적 예일 것이다.

초등학교 시절 나는 이 현란의 극치인 무지개만 보면 가슴이 울렁거리며 앉은자리에서 안절부절못하고 엉덩이가 들썩들썩해지곤 했었다. 그래서 무지개가 뜨는 날이면 나는 그 무지개 한 자락을 잡아볼 양으로 장암리 앞 뒤 들판을 끝도 없이 치닫곤 했는데, 그럴 때마다 무지개는 내가 달려간 거리만큼 멀어지곤 했었다. 내 이렇게 무모한 질주를 되풀이했던 것은 무지개가 보여준 황홀하고 선명한 색깔과 원만하기 비교할 데 없는 곡선의 아름다움이 어린 나를 매료시켰기 때문이었다. 게다가 선비(돌아가신 어

머님)께서는

"무지개는 세상에서 제일 맑은 샘에서 솟아나 반대편의 맑은 샘으로 그 자락을 감춘단다. 그러니 무지개가 뜬 양쪽 끝에는 늘 맑은 샘이 있단다."

고 하시는 것이었다. 나는 선비님의 이 말씀을 굳게굳게 믿고 있었다. 초등학교 이 학년쯤이었을까. 그 해 여름 어느 날 석양 때쯤 무지개는 예외 없이 저승뫼자락이 끝난 샘에서 솟아 이웃 영보마을 황룡산 아래 어느 맑은 샘에 드리워져 있었다. 나는 무지개 한 자락을 내 손 안에 넣어 볼 양으로 용을 쓰며 치닫기 시작했다. 그러나 달려도 달려도 무지개는 내 손에 들어오기는커녕 그 현란한 빛이 점점 엷어지며 멀어지는 것이 아닌가. 가슴은 두근반 세근반 뛰고 다리에는 점점 힘이 빠져나가는 것이었다. 그때 맞춰 울어대던 뜸북새의 울음…. 무지개를 손에 잡지 못하고 돌아와야 했던, 황홀에 도취했던, 그 허허로움과 가슴 울렁거림은 지금도 내 가슴 한켠에 자리잡고 있다.

대학시절 제법 외국 문학작품에도 눈이 뜨였을 무렵, 나의 어릴 적 추억을 귀신처럼 되살려 낸 시인 워즈워드는 그의 걸작 "무지개를 바라보면 내 가슴은 뛰노라"에서 '어린애는 어른의 아버지'라고 읊어냄으로써 나를 한없이 흥분시켰었다. 그 이후 워즈워드야말로 인간의 공감을 되살려내는 귀재 중의 귀재로 오늘날까지 내 머리 속에 각인 되어 있다.

한 3년 전쯤이었을까, 해가 설핏 기울 때 쯤 시내로 나갈 양으로 버스를 기다리고 있었다. 그런데 이날의 날씨는 여우비를 뿌리며 뒤숭숭한 형국이 꼭 무지개가 떠오를 것만 같았다. 잘 아는 바와 같이 무지개는 철로 따지면 여름철, 시간대로 하면 하루 중

오전이나 석양 때 뜬다. 그날 나는 무지개가 뜰 것 같다는 예감에 동녘 하늘을 유심히 관찰하고 있었다. 그런데 '아! 이게 웬 떡인가?' 동녘 하늘에는 무지개가 그것도 쌍무지개가 선명하게 떠 있는 것이 아닌가. 두근두근 뛰는 가슴. 목적지를 향해 가는 버스가 왔음에도 불구하고 나는 아랑곳하지 않고 무지개만을 우러러 보고 있었다. 고향 저승뫼자락에 피어났던 그 선명 그 황홀은 아니어도 공해에 찌든 서울 하늘에서 무지개를 본다는 것은 행복 그 자체였다. 나는 이 현란하고 원만한 반원의 무지개를 혼자 감상한다는 것이 너무나 아깝고 안타까웠다. 버스정류장 주변을 둘러 봤더니 버스를 기다리던 손님들은 벌써 떠나버렸고 텅 빈 공간에 초등학교 4~5학년쯤 돼 보이는 어린애 하나가 있을 뿐이었다. 그래 나는 이 생면부지의 어린애에게 다가갔다.

"얘야 저기 무지개가 떴구나. 참 예쁘지? 보이니?"

하고 말을 걸었더니 그 어린애는 너무나 차갑고 무감각적으로

"어디요. 저게 무지개예요?"

"그래. 저게 무지개란다. 아주 예쁘지?"

"……."

그 애는 버스가 도착하기가 무섭게 잽싸게 타고 떠나 버리는 것이었다. 어린애를 실은 버스는 시커먼 매연을 남긴 채 떠나고 그 매연에 가린 무지개도 점점 그 선연하고 찬란한 빛을 잃어 가는 것이었다. 그날 그 애로부터 받았던 아픈 추억은 한동안 머리 속에서 지워지지 않아 무지개를 볼 때마다 상처로 되새김되곤 하는 것이었다.

지난 초여름 어느 날. 그날도 여우비는 짓궂게 뿌리고 있었다. 우산을 쓰기도 그렇고 접기도 그렇고 야릇한 날씨였다. 퇴근하기

위해 대학 교정을 빠져 나오다가 하늘을 우러렀더니 동녘 하늘가에 쌍무지개가 덩그렇게 걸려 있는 것이 아닌가. 내 혼자 안복(眼福)을 누리기에는 너무나 안타까웠다. 저 현란과 황홀. 일곱 가지 색깔이 각자의 소성을 살리면서 이룬 조화의 극치. 어찌 내 혼자만 볼 수 있단 말인가. 해서 나는 다짜고짜로 옆을 지나는 학생들에게

"학생! 저쪽 좀 봐요. 쌍무지개가 떴어요!"

하니 세 학생이 동시에 내 손가락이 가리키는 곳으로 시선을 돌린다.

"참 예쁘지요. 무지개 본 적 있어요?"

했더니 그 중 한 학생이

"어머, 무지개야 너무나 예쁘다."

또 다른 학생

"그래 나 무지개 첨 봐. 너무나 황홀하다, 얘!"

하며 눈길을 돌리지 않는다. 한 학생은 깡충깡충 뛰기까지 하며 옆 친구의 어깨 부위를 계속 두드리기도 한다. 그날 '내 감동이 저 학생들의 감동 속으로 전이되었구나.' 생각한 탓인지 아니면 공감자의 존재를 확인한 탓인지 콧노래가 저절로 나오는 것이었다.

이승을 떠난 워즈워드가 이 땅에 다시 태어난다면 서울의 초등학생이 무지개를 보며 지었던 그 무신경 무감각의 표정을 어떻게 노래했을까? 모르면 몰라도 그는 시 제목부터 이렇게 바꿨을 것이다.

"무지개를 바라보면 내 가슴 허허롭구나."

그리고 이어서 이렇게 읊조렸으리라.

"어린애는 도사의 아버지"

(창조문학. 2000. 가을호)

同好同樂

이럭저럭 나의 등산경력도 20년이 넘는다. 釜山에서 직장생활을 할 때는 직장동료들과 어울리다가 교직을 서울로 옮긴 뒤로는 몇 년 동안은 산악회를 따라 전국의 산을 누비곤 했다. 나의 이 20년 동안의 등산 경력은 내게 많은 정신적 수양과 육체적 건강을 가져다주었는데 내 논문 중『고전시가에서의 자연의 의미』라는 논문의 골격도 산행에서 얻어진 부산물이다.

최근에는 은사이신 石田 李丙疇 선생님을 모시고 선후배교수들과 어울려 서울 근교의 호젓한 산을 찾곤 한다. 선생님께서는 이제 古稀가 가까우시니 보행이 그리 경쾌하신 편은 아니지만 그래도 우리들과 호흡을 같이 하시는 걸 보면 대단한 건강이시다.

3년 전 여름방학 동안 예의 멤버들과 함께 선생님을 모시고 珍島에 있는 尖察山을 오르게 되었는데 나도 초행인 산인지라 길을 알 턱이 없었다. 그러나 나는 오랜 산행의 경험과 감각만으로 길잡이가 될 수밖에 없었다. 비 오듯 쏟아지는 땀을 감당할 수 없었으나 다행한 것은 하늘을 가린 잡목 덕분에 뜨거운 햇볕만은 피할 수가 있었다. 그런데 거추장스러운 것은 식당에서 마련해온 점심밥통 꾸러미였다.

이 밥통을 훨씬 후배인 S선생이 들게 되었는데 비대한 체구인지라 끙끙거리며 따라오지 못하는 게 아닌가. 그래 나는 리더가 된 죄로 이 짐마저 책임질 수밖에 없었다. 나는 바드득바드득 용을 쓰며 정상정복을 시도할 도리밖에 없었다. 힘겹게 오른 정상에서 바다를 조망하니 바다는 쪽빛 하늘을 배경으로 무한대로 펼쳐 있었다. 더위와 땀은 간 곳이 없고 그저 자연의 외경함에 묵연해질 수밖에.

짐을 맡기고도 늦게 오르는 후배를 향해 "밥통 하나도 챙기지 못해!"라는 핀잔을 주자 일행이 모두 까르르 웃는다. 그런데 문제는 하산하는 데 있었다. 정상 근처는 온통 키를 넘는 억새로 덮여 있었다. 길을 찾을 수가 없었다. 나는 한 손에 밥통을 움켜 쥔 채 이리저리 억새를 비집고 나아가며 후미를 위해 길을 트고 있었다.

겨우 헤치고 나오는데 발아래 두 마리의 독사가 혀를 널름거리고 있었다. 나는 여느 때처럼 이 두 마리의 독사를 짓밟아 죽일 양으로 독사를 향해 다가가 짓이기기 시작했다. 독사와의 싸움이 계속되는 동안 다행히 K교수가 나타나 주었다.

나의 이 같은 짓을 보더니 놀라 소리치며 순간적으로 넓적한 돌을 내 쪽으로 던져 주는 것이었다. 해서 나는 그 독사를 쉽게 짓이겨 죽일 수 있었다. 내 본디 미물이라도 생명을 빼앗는 걸 좋아하지 않지만 산중에서 만난 독사는 내 힘이 미치는 한 꼭 죽이곤 한다.

이는 뒤를 위한, 나의 산행에서 얻어진 신념이다.

등산화 신은 발로 독사를 짓이겨 죽이는 현장을 목격하기 전까지만 해도 선배이신 H대 K교수는 나를 '악당'이라 불렀는데 이 이후부터는 한 계급 격상시켜 '文사탄'이라고 부른다.

(한국경제신문. 1989. 3.28.)

한국인 기상의 발원지 지리산

'89년 10월 7일 아침 7시 못 미쳐 기상. 간단한 맨손체조로 몸을 푼 다음 7시 40분부터 산행이 시작되다. 약간의 설렘과 무거운 책임감이 뒤엉켜 어수선한 상태에서 출발된 산행은 발길이 무겁기만 하다. 사실 이번 산행은 은사이신 石田 선생님의 소원을 풀어 드리기 위한 산행이다. 내년이면 칠순이신 선생님은 당신이 더 늙기 전에 기필코 天皇峰을 오르고 말겠다는 기개와 뜻을 제자들에게 보여 오신 지 수년 째다. 선생님을 모시는 등산. 해서 발길은 무거운 셈이다.

8시50분쯤 하동 바위 아래 도착. 참샘을 거쳐 11시에 소지봉에 이르다. 어느 짓궂은 장난꾼이 「소」자를 「X」자로 바꿔놓다. 한심한 족속들의 빈 머리는 지리산의 영험한 기운으로도 채워지지 않는 모양이다.

길은 완만한 경사로 이어진다. 잡목들이 온통 하늘을 가리고 있는데 주종을 이룬 수종은 상수리나무, 떡갈나무, 도토리나무고 군데군데 단풍나무와 잣나무가 섞여 수해를 이루고 있다.

한참을 걷다보니 갑자기 시야가 확 트이는 능선이다. 칠선계곡이 한눈에 들어온다. 빨갛다 못해 타는 단풍이 선연하기 옛 애인 입술 같다. 石田 선생님은 그냥 탄성이시고 소설가인 申博은 사타구니에서 물이 나올 것 같다고 한다. 그의 해학 섞인 표현에 모두가 사타구니가 젖어오도록 웃다. 자리를 이동하기가 싫다. 저리 단풍이 곱기에 칠선(七仙)계곡이라 명명했으리라. 칠선이 누구누구인지 따질 건 없고 그냥 신선이 진열해 놓은 잔치상이나 받기로 하자. 저 찬란하고 황홀한 풍광을 선계로 느낀 나 또한 신선축에 끼지 않겠는가.

오르는 방향 오른쪽 계곡은 한신계곡이다. 왼쪽에 위치한 칠선계곡과 퍽 대조적이다. 간혹 한두 그루 단풍든 나무가 섞여 있기는 하지만 칠선계곡처럼 되기에는 아직 멀었다. 그냥 짙푸르고 칙칙한 검푸른 빛이 여름 한철을 연상시킨다. 같은 산 계곡이요 산자락인데 저리 다를 수가 있을까. 七仙계곡이 세련되고 곱게 단장한 도회의 아가씨라면 한신계곡은 투박하고 소박한, 그래서 수수함을 잃지 않는 산골아가씨 같다. 지리산 신령님은 왜 이런 두 모습을 보여 주는 걸까. 알 듯도 하고 모를 듯도 하다. 이 좋은 풍광을 조금이라도 더 마음에 새겨 두기 위해 조망이 가능한 이 봉 저 봉을 올라 본다. 어느 이름 없는 봉우리에 올라 밑을 내려다보니 어젯밤에 묵었던 白武洞이 아련하다. 야호를 외쳐본다. 그러나 내 소리는 귀청만 따갑게 할 뿐 메아리져 돌아오지 않는다. 골이 넓은 탓이다. 바로 발아래를 굽어보니 실망과 분노가 탱천이다. 쓰레기 야적장에 쌓아 둬야 할 마대들이 눈을 피해 여기 호젓한 곳에 몰래 버려져 있는 것이다. 이래서 영험하고 신성미마저 풍기는 지리산은 차근차근 오염되고 있는 것이다. 무분별한 등산객들이 버린 쓰레기와 그것을 치워야 할 행정당국의 눈가림식 수거. 한숨이 절로 난다. 어느 세월쯤 우리 모두가 제 할 일을 하게 될까? 지리산 신령님께 죄스런 마음뿐이다. 마음속으로 용서를 빈다.

오르막길은 가도 가도 끝이 나지 않는다. 능선 위로 하늘이 빤히 보이는데도 능선등걸은 멀기만 하다. 지루하기 이를 데 없는 지리(루)한 산이다. 선생님의 연세(69세)를 고려해서 자주 쉰다. 쉼터에서 고개를 드니 단풍나무 한 그루가 햇빛을 받아 훤히 밝다. 자세히 보니 꼭대기 부위는 선홍이요 중간은 赤黃이며 아래 부위는 淡綠이다.

오를수록 숨은 가빠지고 땀은 등골을 축축이 흘러내린다. 枯死木 지대가 눈에 들어온다. 그러니 산의 높이는 1600m에 가까울 것이다. 지리산의 枯死木지대는 대체적으로 이 높이에서 시작되고 있다. 해골을 연상시키는 이 지대를 조금 지나니 바로 帝釋峰이다. 그 아래 帝釋壇이 있어 이 이름이 붙여졌을 것이다. 지리산은 봉우리나 골짜기의 명칭에서 도교의 흔적이 보인다. 제석단, 제석봉, 천황봉이 그 증좌다. 우리네 조상들은 여기에 올라 하늘에 제를 오리면서 승천을 기원했을 것이다. 제석단 위 벼랑에서는 맑은 샘물이 졸졸졸 흐르고 있다. 만일을 위해 수통에 물을 가득 채운다. 물과 제사, 선조들은 제단을 천황봉에 쌓지 않고 왜 이곳에 쌓았을까? 이 의문은 물과 제사의 함수관계로는 풀리지 않는다. 잘은 몰라도 아마 우리의 조상들은 천황봉에는 신이 계신 곳으로 치부하고 그 계신 곳에서 서쪽으로 111m 낮은 이곳에 제단을 쌓았을 것이다. 신은 언제나 강림하는 존재이니 말이다. 어찌 그뿐이랴. 제석단 위의 수십 m가 넘는 절벽은 옥황상제께서 인간이 바치는 제물을 흠향하기에 딱 맞는 조건을 구비하고 있다.

제석봉을 지나 천황봉으로 오르는 길목에 고사목 한 그루가 의연히 서있다. 앙상한 뼈골만 남아 있는 고사목인데도 의연함과 아름다움을 갖추고 있다. 괴기마저 감돈다. 주위는 돌로 정연하게 단을 쌓아 두었다. 죽어서도 아름다운 나무이기에 저리 보호를 받나 보다. 싱싱한 생명력을 지녔을 때는 얼마나 곱고 아름다웠으며 또 의젓했을까? 그 밑에 한 등산객이 아픈 다리를 쉬고 있다가 나를 내려다보며 인사를 한다.

"수고하십니다. 두 사람 짐을 지셨군요."

"안녕하세요, 제 선생님 짐까지이지요. 선생님께서 칠순이신데요. 바로 저기 오신 분이랍니다."

"네. 아이구! 대단하시군요." 하며 박수를 친다.

선생님은 고사목 곁으로 천천히 걸음을 옮기신다. 단 위에 한 개의 돌멩이를 얹으시더니 합장을 하신다. 뭐라 기도를 하시는 것 같은데 기도 내용을 알 길이 없다. 선생님의 그 같은 행위에 갑자기 코끝이 시큰해진다. 칠순에 오른 천황봉, 선생님은 아마 당신이 한계를 알고 계실 것이다. 내 나이도 이제 40대 후반이니, 나라고 해서…. 최선을 다하며 사는 삶이다. 선생님은 아마 자연의 무궁함과 당신의 외소함에 대한 한계. 거기서 오는 비감과 회억을 합장으로 대신했을 것이다. 잠시 고개를 돌려 멀리를 조망해 본다. 남원과 마천 쪽을 보니 인가는 보일 듯 말 듯 하고 누렇게 익은 들판이 가물가물 펼쳐져 있다. 矢川面 쪽을 보니 첩첩이 쌓인 산산산. 멀리 남해바다가 보이고 광양제철소의 굴뚝도 보인다. 한없이 뻗어나간 산의 능선과 차곡차곡 쌓인 산봉우리들을 바라보고 있으면 왠지 나는 자꾸 눈물이 난다. 初唐詩人 陳子

昻도 이런 산을 조망하고 눈물을 흘렸을 것이다.

산첩첩
아련히 뵈는
정상에 서면
저절로 저절로
흐르는 눈물.

가파른 길을 조금 더 오르니 해발 1890m의 通天門이다. 시각은 오후 1시다. 선생님은 먼발치에서 용을 쓰고 계신다. 하늘로 통한다고 통천문인지, 천황봉으로 통한다고 해서 통천문인지…. 어쩌면 양의가 다 포함되어 있을는지도 모르겠다.

철제계단을 오르면 바위굴이다. 굴을 벗어나면 다시 능선이다. 마치 월출산 천황봉 직전에서 지나는 바위굴과 흡사하고 頭輪山의 바위굴과 흡사하다. 신은 영산의 정상을 속진들에게 내놓기 전에 이 같은 바위굴을 만들어 인간들의 한계를 마지막으로 시험하려는 것이리라.

"선생님 여기가 통천문입니다. 이제 20m 남짓 남았습니다. 증명사진을 찍으셔야죠."

나보다 훨씬 전에 이 문을 통과했던 선인들은 어떤 감회에 젖었을까? 환희였는지 비감이었는지 가늠할 길이 없다. 지금 내게는 비감도 환희도 아닌 숙연함 바로 그것이다. 孟子는 높은 산에 올라 느끼는 기개를 浩然之氣로 표현하고 있지만 맹자의 그 기개는 어디에 바탕을 두고 있을까? 왜소함과 숙연을 동시에 초극한 것일까?

바위굴에서 불과 20m의 높이인데, 나무 한 그루 볼 수 없는 주변환경이 삭막감을 더하고 있다. 철삭과 삐쭉삐쭉한 바위등걸이 험하고 미끄럽다. 이제 아무 것도 생각나지 않는다. 무의식적으로 발을 옮겨 놓는다.

정상에는 먼저 오른 등산객들로 초만원을 이루고 있고 정상 주변 여기저기에는 무더기무더기 모여 앉아 허기진 배들을 채우고 있다. 그들이 걸친 복장들이 한 떨기 꽃으로 피어난 것 같다. 선생님을 모신 등산. 이제 선생님 말씀처럼 원이 없으실 것이다. 정상에 바윗돌 비석이 서 있다.

한쪽에 「天皇峰」이라 음각되어 있고 다른 한쪽에는 「한국인의 기상 여기서 발원하다 」라고 새겨져 있다. 마음에 드는 글귀다. 그러나 그 기상은 어떤 것인지 그저 막연키만 하다. 左右로 갈라져 동족끼리 서로를 잔악하게 죽이고 죽임을 당했던 기상인지, 아니면 모든 것이 함께 하는 공존의 기상인지, 그것도 아니라면 어머님 같은 산이라는 그 지리산의 기상인지…. 따지고 보면 지리산은 이 나라 현대사에서 아픈 상흔만이 배어난 그런 산이 아니었던가? 이 아름다운 산자락에 좌익이란 둥지와 우익이란 둥지를 틀어 놓고 그 못난 이데올로기의 둥지를 보존키 위해 싸우고 또 싸웠던 못난 새들. 그래서 지리산은 더 숙연해지는지 모르겠다. 아! 민주주의란 이데올로기여! 공산주의란 이데올로기여! 이 밥 먹고 물러가거라. 하여 산은 산대로 바다는 바다로 남게 하라. 지워버릴 수 없는 상흔의 장소에서 한숨과 눈물이 뒤범벅이 된다. 이 좋은 강산 자락에서 그냥 옹기종기 모여 살면 그뿐일 텐데…. 소유하면 얼마나 소유하고 살면 얼마나 더 살 거라고 저리들 야단인지. 이 나라 모든 백성 한데 모아 천황봉에 올려놓고 먼 곳을 조망케 하면 좀더 겸허해질 것 같다만….

배낭을 챙겨놓고 또 기념사진. 천황봉 표지석을 놓칠세라 붙안고 찍은 사진. 어쩌면 이 한 판의 사진을 찍기 위해 그리 오랜 시간과 정력을 소진했을 것이다. 하늘은 잘 닦은 유리알이다.

다시 정상 바위 끝에 올라 사방을 조망해 본다. 삼도가 한눈에 들어온다. 천하는 진정 광활하고 숭엄하구나. 스카이라인을 이룬 하늘 끝에는 구름이 가지런히 떠 있다. 갑자기 일편의 흑운이 천황봉을 휘감고 지나간다. 멀리 뵐 때는 한 점의 흑운이더니 천황봉을 스칠 때는 엷은 우유빛 안개로 바뀐다. 진주시가지가 아련히 보이는 동쪽 조망보다는 끝없이 뻗어나간 서쪽 조망이 일품이다. 모두가 1500m가 넘는 봉우리들이건만 천황봉에서 내려다보는 봉우리는 그냥 얌전키만 하다.

바람이 갑자기 세차진다. 오슬오슬 한기가 느껴진다. 이 정상에서는 바람 부는 방향이 일정치 않다. 그도 그럴 것이 사방으로 툭 트인 골짜기에서 올려 부는 바람이기 때문이다. 남쪽으로 조금 내려와 아늑한 바위 아래 자리를 잡고 선생님이 가지고 오신 양주와 캔 맥주로 정상등정 축배를 든다. 申博은 양주병을 끼고 계속 들이킨다. 취할까 겁이 난다. 술병을 반 강제로 빼앗는다. 산에서는 잔인할 때는 잔인한 게 좋다. 특히 감정의 절제에 잔인해야 한다.

천황봉 표지석을 다시 쳐다보며 山淸郡 矢川面 中山里 쪽으로 하산 코스를 잡고 정상을 스치듯 지나간다. 스쳐 가는 것은 구름이건만 움직이는 것은 구름만이 아니다. 지리산이 통째로 흔들린 것 같고 그 구석에 자리한 나도 구름 따라 흐르는 것 같다.

올려다보는 정상 주위의 풍광이 황홀키만 하다. 흰 것은 고사목, 푸른 것은 전나무와 잣나무다. 어디 그뿐이랴. 담록이 있고 농록이 있고 赤色, 黃色, 褐色, 濃靑色 온통 색감의 잔치다. 색감이 본집을 찾아온 것일까? 산신령님이 그려놓은 수채화일까? 열린 입이 닫히지 않는다.

法界寺로 가는 길은 험하기만 하다. 내가 좋아 오른 산인데 순간순간 짜증도 난다. 절에 이르면 김선생 말처럼 경운기라도 다닐 평탄한 길이 있으리라(?). 사찰 근처에 이르니 바람이 더욱 세차다. 이렇게 바람이 더욱 세찬 곳에 절을 어찌 세웠을까 속인으로서는 납득되지 않는다. 사찰 주변엔 등산객들의 천막들로 발자국 옮기기가 불편할 정도다. 지축을 흔드는 바람 때문에 천막들이 날아가지 않을까 걱정된다. 아름드리나무가 실버들가지 흔들리듯 한다.

경남학생 자연학습장을 왼쪽으로 하고 하산 길을 재촉한다. 정신없이 걷느라 미처 보지 못한 철제다리 아래 단풍나무 한 그루가 핏빛으로 곱다. 드디어 삼각지점에 도달하다. 왼쪽은 학습장으로 가는 길이고 앞으로 훤히 뚫린 길은 중산리 쪽 길이다. 이제는 안심이다. 시간은 6시가 조금 지났다. 주위가 어두워진다. 평탄한 도로 가에 일행이 모여 앉아 무사 하산 축배를 들다. 육포에 한 잔의 술과 안주. 맛이 그만이다.

선생님은 내 쪽을 향해

"문선생 내가 무리지. 발악이지."

"아니지요. 과시지요. '나는 70세에 지리산을 등정했어. 그런데 너희 젊은 것들은 뭐야!' 하시겠지요. 어떻든 대단하십니다."

한걸음 앞선 김선생이 봉고차를 교섭해 놓고 기다린다. 진주행이다. 차에 오르자 피로가 한꺼번에 몰려온다. 숙소에 들러 다시 건배. 모든 것에 감사를 드리자. 하나님께, 지리산 산신령님께, 법계사에 계신 부처님께 그리고 일행에게 감사를 드리자.

지리산이여! 그대 거기 영원하소서.

(동대학보. 제139호. 1989.)

2. 이런 교수님들 강단 떠나야 한국이 산다

女子弟子

77년 3月이 오면 내 교직 생활이 만 아홉 살이다. 이 9년 중 2년간 외도(남학교 근무)를 제외한다면 만 7년을 여자 학교에 근무한 셈이다. 10년이 가까운 교직 생활이니 숱한 이야기와 사연이 톱날처럼 물고 돌았으리라. 그 중,

제1화

여학교에 대망의 첫 발을 디뎌 놓던 전날 밤 나는 대학 4년 동안 존경해 마지않던 선배님(여학교 교사)을 찾아 꿈 많은 여학교의 교직 생활을 어이 보낼 것인가를 자문한 적이 있다. 그랬더니 그 존경해 마지않던 선배님 왈

"여학교에서 인기를 얻으려면 무조건 칭찬을 늘어놓아야 하네. 나쁜 것도 좋다, 추한 것도 아름답다, 못된 것도 잘 되었다고 말일세."

"하지만 선배님……"

"하지만이 어디 있어. 내가 시키는 대로만 하게. 그럼 자네는 여학생에게서 인기야말로 받아 놓은 밥상일세. 미워도 예쁘다고 말이야. 알겠지."

그러나 나는 이 충직하기 이를 데 없는 선배님의 간곡한 충고

를 멀리하고 교탁에 서자마자 독설가가 되고 말았으니 조금만 떠들어도

"글쎄 여자란 어쩔 수 없다니까? 방정맞게…… 쯧쯧쯧."

하는가 하면 조금 더 화가 나면

"여자가 사람이냐. 사람이여. 못난 바보 남자만 어림도 없는 법이지…… 이건 일본 속담이야."

이렇게 시작된 독설은 그런 대로 한두 달은 거뜬히 지나갔다. 그러던 어느날 나는 강의를 하다 말고 예의 이런 말이 또 툭 튀어나오고야 말었겠다. 그랬더니 한 여학생

"선생님 할 말 있어요. 선생님은 번번이 여자가 사람이 아니라고 하시지만 제가 보기에는 남자가 사람이 아닌 것 같아요"

"왜?"

하며 눈이 뚱그레 해진 나에게 그 여학생

"왜냐구요? 남자는 술만 취하면 전봇대를 방패삼아 소피를 보잖아요? 사람이라면 전봇대를 은신삼아 소변보나요. 개나……"

"예끼……"

"까르르 깔깔……"

제2화

D여고에 근무시절. 그러니 교직에 몸담은 지 일주일이 채 넘었을까? 미운 쪽이 더 많은 고 2학년 학생이 찾아와 내 책상 곁에 바짝 서서 씨득씨득 웃는 것도 같고 어찌 보면 망설이는 것도 같고 해서 나는

"너 나한테 볼일이 있니?"

"네."
"뭔데 말해보렴"
"……"
한참 말이 없다가
"선생님 여기서는 말씀드리기는 곤란한데요."
"그래? 그럼 어디서?"
"선생님 내일 아침 일찍이 강당 어귀에서 만나요."
"그래? 그럼 그렇게 하지. 근데 무슨 일이지?"
"아무튼 100여 분 선생님 중에 선생님이 선택된 것을 영광으로 생각하셔요."
피식 웃는 나에게 그 학생 제법 힐난하는 표정을 짓더니,
"그럼 내일 아침에 꼬옥요?"
이른 아침이라 횡댕그렁한 강당에 스산한 분위기마저 감돌기도 한다. 그 학생(이름도 몰랐다) 어디서 나타났는지
"선생님 안녕하세요. 저…"
"뭐야? 어서 말해봐. 친구문제냐 이성문제냐 돈 문제냐? 뭐든지 말해봐. 다 들어줄게. 돈 문제라면 부모님께 알리고 말야."
"여기서 말씀드리기도 곤란해요. 저의 집이 동광동이니 현대 극장 앞에서 7시에 만나요."
"여기서 이야기할 수 없어?"
"곤란해요."
"그래, 그럼 나가지 7시에."
극장 앞이라 이야기할 수도 없어 어느 다과점(학생이 끌고 간 곳)에 들렀다.

"선생님, 저…."

"뭔데 다 들어줄게 어서 말해 봐."

"저 등록금을 부모 몰래 몽땅 써 버렸어요. 그러니 등록금 좀 꾸어 주세요. 수학 여행비 받아 수학여행 안 가고 그걸로 갚아 드릴게요."

"뭐? 거 참 곤란한데."

"……"

"글쎄 들어봐. 내가 선생이 아니라면 몰라도 선생이란 직업과 거기다가 너를 가르치는 사람으로서, 그 등록금은 부정한 수단으로 낭비했을 거 아냐? 그렇다면 나는 결과적으로 너의 부정을 돕는 방조자가 되지 않아. 그렇지?"

"선생님, 치사해요. 더러워요. 언제는 들어 준다더니, 선생님 돈 떼어먹을까 봐서요!"

하며 발딱 일어서서 나가 버리는 게 아닌가.

제3화

S여고에 근무하던 시절, 한 해를 마무리 짓고 허탈감과 허전함을 가누지 못해 마음은 물 먹은 솜처럼 무겁기만 해 멍청히 의자에 기대앉아 있는데 한 학생이 사뿐히 와 얼굴이 빨개지면서

"선생님 일년 동안 가르쳐 주시느라 수고 많으셨습니다. 더욱이 선생님의 강의에 많은 것을 배웠어요. 선생님 저… 여기…"

하며 청색 볼펜, 검정색 볼펜, 빨간색 볼펜 3자루를 손에 쥐어 주고는 황급히 교무실을 빠져나가는 것이 아닌가. 나는 그 3자루의 볼펜을 받아들고 한참 동안 그 학생이 빠져나간 교무실 출입

문 쪽을 응시하고 있었다. 내 손에 쥐어진 볼펜 3자루. 선물이라기에는 너무나 초라한 선물. 그러나 어디 선물은 값이 문제던가, 성의지. 그날 나는 볼펜 3자루를 받아 들고 종일토록 흥분을 가눌 수가 없었다.

몸이 아파 출근을 못했던 동안 내 책상 위에 꽂아진 한 다발의 코스모스, 초라한 내 의자에 놓여있는 방석 커버를 때 묻기도 전에 눈치도 채지 못하게 빨아다 갈아 끼워주는 그 백합보다 고운 정성. 이런 알뜰한 정성이 있어 오늘도 내 발걸음은 가벼운지도 모르겠다.

(신광교지 2호. 1977.)

나무의 미덕

나무는 안분수족의 전형입니다. 언제나 제 자리에 버티고 서 자신을 조용히 지키는 것입니다. 한 그루의 나무를 구성하고 있는 근간 성분은 뿌리와 줄기와 잎입니다. 이들은 다 같이 제 자리에서 자기들의 소임을 수행하기에 조금도 어긋남이 없습니다. 이렇게 훌륭한 작업, 생명 부지의 협동을 하면서도 나를 세우지 않는 조용함이 있고 나를 지탱하는데 과욕이 없습니다. 이런 안분수족은 인류를 구하고 자연물을 형성하면서 새를 기르고 산돼지를 기르며 생명의 물을 대지 위에 쏟아 보내 촉촉이 젖어드는 혜택을 베푸는 것입니다.

기실 가정의 구성의 근간 성분은 남과 여입니다. 그 중에서도 여자의 소임은 나무의 소임과 아주 흡사하고 또 흡사해야만 그 가정은, 사회는 원만성을 지닐 수 있습니다. 협동의 선주자로 자기 임무수행의 선주자로, 때로는 혹독한 시련을 극복해 내는 십자가의 화신으로 말입니다. 여자가 너무 지나치게 자기를 주장했을 때 가정의 비극, 사회의 비극을 불러옵니다(이 경우 남자도 예외는 아닙니다). 우리는 나무의 안분수족을 인생의 교범으로 삼아야겠습니다.

우리말은 다른 나라보다 의성어와 의태어의 발달이 월등하다는 말을 서양 사람들에게서 들은 적이 있습니다. 의태어들은 나무가 사계절을 따라 변하는데 적절한 단어들이 많습니다. '파릇파릇', '푸릇푸릇', '칙칙', '울긋불긋' 등이 그 좋은 예라 하겠습니다. 봄에 꽃보다 곱게 피어나는 연노랑 잎의 피어남을 묘사한 의태어에 '파릇파릇'이라는 단어가 있으며, 가을의 아름답게 물든 단풍을 묘사한 단어에 '울긋불긋'이 그것입니다. 이 단어의 뜻이야 어떻든 사계절에 따라 제각기 특색을 지닌 의태어들은 우리 인간에게 끊임없는 위안을 안겨줍니다. 우리의 주위에서 나무가 없다고 상상해 봅시다. 아마도 우리의 생활은 메말라 가는 것은 말할 것도 없고 아마 머지않아 이 지구상에는 죽음의 정적만이 깔리고 말 것입니다. 우리 인간세계에 만약에 여자가 존재하지 않는다면 그것은 마치 이 지구상에 나무가 존재하지 않는 것과 비슷한 현상을 초래하게 될 것입니다. '파릇파릇', '푸릇푸릇', '칙칙', '울긋불긋'이라는 의태어들이 우리 인간에게 주는 위안을 열거해 봤습니다만 여자의 소임도 이와 같아야 하리라고 나는 믿습니다. 사계절을 따라 촉촉이 적셔주고 감싸주는 미의 극치, 여기서 여자의 소임은 시종일관 끝나야 하는 것이 아닐까요?

나무의 뿌리는 조용한 봉사자의 대명사입니다. 날카롭고 강인한 생명력으로 바위를 쪼개고 더러는 토양의 성격까지 변화시켜 가면서 줄기와 잎을 키우기에 땀을 흘리고 있습니다. 그러나 이 뿌리는 한 치도 자신을 주장하지 않습니다. 뿌리는 사시를 두고 쉼이 없고 밤낮을 가리지 않고 작업에 열중합니다. 차갑고 매서운 바람이 몰아치는 겨울에도 줄기가 떡 버티고 설 수 있게끔 힘을 부여하고 영양을 공급합니다. 나무의 세 부분의 구성 중에서 가장 위대한 봉사와 고된 작업은 이 뿌리가 맡고 있는 셈입니다. 고통스러운데도 불구하고 위대한 봉사를 맡고 있다는 점은 우리 여학생 아니 여성들과 아주 흡사한 점이 있습니다. 어머님이 자식의 성장을 바라보며 웃음 짓는 만족감, 이는 곧 뿌리가 갖는 만족감입니다. 숨은 봉사자, 숨은 노력자, 뿌리는 여성이 뒤안길에서 밤낮으로 하는 봉사 바로 그것입니다. 우리 모두는 뿌리의 미덕을 배웁시다. 되바라진 여성보다는 숨어서 가정을 사회를 이끄는 그런 참된 여성이 되어야겠습니다.

나무를 구성하는 3부분 곧 잎과 줄기와 뿌리는 여성에 비교한다면, 잎은 여성의 외양이 될 수 있고 줄기는 여성의 정신적 기둥이 될 수 있으며 뿌리는 여성만이 지닐 수 있는 마음씨가 될 수 있겠습니다. 이 세 부분이 각기 특색을 지니면서 봉사와 생명의 근원이 되듯 우리 여학생들도 생명의 근원이면서 사회의 빛이어야겠습니다.

(신광교지 13호. 1979.)

학문의 길

예로부터 학문에 이르는 길은 왕도가 없다고 일러 왔습니다. 이는 그만큼 학문의 길이 어렵다는 뜻도 있었지만, 한편으로는 학문에 성공한 분들의 숫자만큼이나 그 길이 여러 갈래로 나뉘어진다는 뜻도 있는 것입니다. 하지만 그 길이 복잡하면서도 험난하고, 그러면서도 매력적이기에 사나이들에게는 도전의 불길을 당기는 마력 또한 지니고 있는 것입니다.

더욱이, 성취 뒤에 오는 가슴 뻐근한 감회는 그 무엇과도 바꿀 수 없는 통쾌 그것입니다. 그러니 남아로서 운명을 걸어 볼만도 한 것이겠지요.

여기서는 학문의 효용이나 가치 등은 다음 기회로 미루기로 하고 여러분이 공부를 하는 데 갖추어야 할 마음가짐이나 자세. 그리고 '왜 학문을 해야 하는가?' 하는 당위성을 이야기하려고 합니다. 옛날 중국에 우공(遇公, 어리석은 자)과 지수(智叟, 꾀 많은 자)라는 자가 살고 있었습니다.

그런데, 우공의 집은 태행산 아래 있었습니다. 산의 둘레가 700리나 되고 보니 출입하는 데 여간 불편한 것이 아니었습니다.

한번 출타하려면 몇 날을 걸려 수백 리 길을 여행을 해야 했습니다. 그 험준한 산을 넘고 골짜기를 지나느라고 발은 부르트고 거기다 우글대는 맹수들은 언제 어디서나 우공의 생명을 노리고 있었습니다. 출타 때마다 겪어야 하는 이런 공포와 고통을 없애 버리기 위해 우공은 아내와 더불어 며칠 밤을 생각하고 머리를 싸맨 끝에 하나의 결론에 도달했습니다.

'산을 옮기기로 하자. 그래서 평지를 만들자. 그러면 거리는 수십 배로 가까워질 것이고 맹수들로부터 오는 위험을 면할 수 있으리라.' 생각한 것입니다.

이 같은 결론에 도달한 우공은 지체없이 행동에 들어갔습니다. 높이가 수만 장이나 되는 태행산을 그의 나이 90에 옮기기로 결정한 것입니다. 해서 그는 그날로 태행산의 흙을 삼태기에 담아 짊어지고 여러 날을 걸어 발해 바다에 갖다 버리는 지난하고 지루한 작업에 들어간 것입니다. 한 삼태기 두 삼태기…….

이렇게 어리석기 한량없는 일을 그가 쉬지 않고 계속하던 어느 날, 지수가 찾아왔습니다. 이지와 꾀로 바라질 대로 바라진 지수에게 우공의 행위는 바보의 단계를 넘어 천치의 짓 바로 그것으로 보였습니다. 해서

"이보게, 우공! 어째 그리 바보스럽게 구는가? 그 삼태기 흙으로 어느 시절에 태행산을 옮긴단 말인가? 제발 그 짓은 그만 두게나."

하고 타일렀습니다. 그러나 우공은 히죽이 웃으며 이렇게 대답하는 것이었습니다.

"그야 내 생애 동안 못해내면 내 자식에게 물려 줄 걸세. 자식대에 이루지 못하면 손자 대에, 손자 대에 못 이루면 증손자 대에…… 그렇게 하노라면 제 아무리 태행산이라 해도 언젠가는 옮

겨지고 말 것 아니겠는가?"

이 고사를 일러 우공이산 (愚公移山, 어리석은 자가 산을 옮긴다) 이라 합니다. 흔히 학문이나 사업하는 자들의 마음가짐을 비유하는 말입니다.

학문은 약삭빠르고 시세에 민감한 자들은 이룰 수가 없습니다. 어떤 면에서는 바보스런 사람이 성공을 거두는 법입니다. 우공처럼 조금씩이라도 한결같이 꾸준함이 있어야 성공할 수 있습니다.

현인들은 인생은 절대로 단거리 경주가 아니고 마라톤 경주라고 말합니다. 학문도 마찬가지입니다. 위대한 진리를 찾는데 반짝하는 단거리 기분과 재주, 폐활량만으로는 백 여 리를 도저히 주파할 수 없는 법입니다.

옛 한시에 다음과 같은 구절이 있습니다.

男兒立志出鄕關 (남아입지출향관)
學若不成死不還 (학약불성사불환)

사나이 학문에 뜻을 두고 고향을 떠나왔다면,
학문을 만약 이루지 못한다면 죽어도 돌아가지 않겠다.

앞에서 한 이야기가 학문하는 자의 어떤 경우라도 꺾이지 않는 한결같은 자세라면 위의 한시는 쇠돌 같은 의지의 집약이라고 할 것입니다. 공부는 꾸준한 자세에 못지않게 절대로 물러설 줄 모르는 의지도 대단히 중요한 것입니다. 그런데, 이 경우 의지는 자기를 이겨내는 자세임은 두 말할 것도 없습니다.

사람이 태어나서 독립된 개체의 인간이 되기에는 흔히 세 가지 투쟁이 있습니다. 첫째의 투쟁은 엄마의 뱃속을 벗어나자 부딪치는 자연과의 투쟁입니다. 질병, 추위, 더위, 해충 등과의 투쟁에서 이겨야 우리는 일시적으로 생명을 부지할 수 있는 것입니다. 두 번째의 싸움은 너와 나의 투쟁입니다. 적자생존(환경에 적응할 수 있고 이겨내는 자만이 살아남는다는 법칙)의 냉엄한 법칙은 이 우주를 형성하고 있는 모든 생명체에 공통적인 것입니다. 인간도 자연의 일부이니 이 법칙을 벗어날 수 없는 것이지요. 너와 나의 생존을 위한 싸움에서 패배자가 되면 존립할 수가 없는 것이지요. 물론 이때의 투쟁은 선의의 경쟁임은 말할 필요도 없는 것입니다. 마지막으로 치러야 하는 투쟁은 자신과 자신과의 극렬한 투쟁입니다. 그런데 이 최종적 싸움이 가장 어려운 법입니다. 열심히 노력하면 상대방은 쉽게 이겨낼 수 있습니다. 그러나 자신과의 투쟁은 그보다 몇 배의 치열한 노력이 있어야 합니다.

왜냐하면 인간들은 늘 자신에겐 관대하기 때문입니다. 먹고 싶은 것을 참는 것, 친구의 전자오락실이나 가자는 꾐을 물리치는 것, 쏟아지는 잠을 쫓으며 책장을 한 장 한 장 넘겨 가는 싸움은 분명 쉬운 것이 아닙니다.

그러나 예로부터 학문에 성공한 분들은 이런 고초의 길을 마다하지 않고 걸어왔습니다. 자신과의 고독한 투쟁에 승리를 쟁취한 모습들인 것이지요.

학문을 성취하지 못하면 죽어도 고향에 돌아가지 않겠다는 그 높은 기개와 의지, 이는 학문하는 자에게 있어 불가결한 자세입니다.

영국의 유명한 등산가에 죤 말로리라는 사람이 있었습니다. 그는 에베레스트 정상을 불과 2,000피트 남겨 놓고 아침에 자리에서 일어나 캠프 밖으로 나왔다가 회오리바람에 휘말려 행방불명이 된 등산가입니다.

그런데 그가 생존시에 친구들이 주말마다 그를 찾아가 보면 그는 언제나 등산에 필요한 장비를 정리 점검하는 데 몰두하고 있었습니다. 친구들이 보기에 그는 등산만을 위해 태어난 사람 같았습니다. 해서 친구가 이렇게 질문을 했습니다.

"자네는 무엇 때문에 산만 찾는가?"

이 같은 친구의 질문에 죤 말로리는

"왜냐하면 그곳에 그것이 있으니까(Because it is there.)"

그러면서

"그것(it)이 무어냐고 묻지를 말게." 라고 대답하였습니다.

우리는 무엇 때문에 학문을 해야 하는지를 잘 모릅니다. 그리고 공부하라는 부모님의 말씀에 짜증을 내기도 합니다. 그러나 죤 말로리의 말에 귀를 기울여 보면 대답은 확연해집니다. 거기에 '그것' 이 있기 때문입니다. 그것은 성취감이라 해도 좋고, 진리의 터득이라 해도 좋고, 높이 나는 갈매기만이 멀리 볼 수 있다는 죠나단의 갈매기 꿈이어도 상관없습니다.

이상에서 나는 학문의 길로 가는 자들에게 필요한 마음가짐, 부단한 의지, 마지막으로 여러분이 공부를 해야 하는 당위성을 나름대로 언급한 셈입니다. 지면관계상 학문의 효용이나 가치, 방법 등은 언급되지 못했습니다.

이에 대해서는 다음 기회로 미룰 수밖에 없겠습니다.

(청운중학교지 제14호. 1984.)

제자 숙에게

숙아! 너에게 편지를 띄운 지도 한참이 지났구나. 지금쯤 남녘 어디에선가는 진달래꽃으로 온 산이 붉게 타고 있을 것이고 만발한 벚꽃 꽃망울 사이로는 꿀벌들의 잉잉거림으로 수선스럽겠구나. 숙아. 이제껏 선생님은 봄은 시각적으로만 오는 줄 알았었는데 이제 차분히 생각해 보니 봄은 우리네 오각을 통해서 곁으로 다가오더구나. 특히 청각을 통해 오는 봄은 왜 그다지도 싱그러운지.

일전 어느 따스한 오후 인왕산의 의연함을 보다 또렷이 보기 위해 내 서재의 창문을 활짝 열어 젖혔단다. 그런데 이게 무슨 소리니! 뜰의 히말라야시다 나무 가지가 마침 불어오는 바람에 흔들거리면서 청아한 소리로 내 땟국 낀 귀를 정갈스럽게 씻어주는 게 아니겠니. 엄동설한 내내 듣지 못했던 저 청음. 순간 봄은 시각만이 아닌 청각으로부터 온다는 것을 알게 되었단다.

숙아! 이제 봄이 오면 너의 두툼한 옷차림은 보다 경쾌하고 화사한 차림으로 바뀌겠지. 그리고 너는 그 화사한 차림새와 몸짓으로 이 봄이 너만의 것인 양 뽐내며 캠퍼스를 누비겠지. 너의 그런 발랄한 모습을 상상하노라면 선생님마저 들뜬 느낌이 든단다. 너는 이맘때마다 선생님이 늘 너에게 들려주었던 말들을 기억하고 있겠지. '옷차림은 입는 당사자의 가치관과 의식의 표출양태라는 것' 말이다. 들뜬 사람은 그 옷차림마저 들뜨고, 진중하고 중후한 사람은 옷차림 또한 세련되고 우아한 것이란다.

너는 기억하겠지. 세련된 것일수록 단순하다는 선생님의 말을. 나의 이 같은 말에 너는 항상 매섭게 반론을 제기하면서 유행이요, 개성이라고 했지. 그러나 숙아 생각해 보렴. 유행이란 시류와의 영합이요, 참다운 개성이란 그 시류의 물결 앞의 의연함이 아니겠니. 남들이 모두 검정색 옷을 입으니 나도 덩달아 검정색 옷을 입을 것이 아니라 흰색 옷을 입을 수 있는 당당함이야말로 시쳇말로 톡톡 튀는 개성이 아니겠니. 다시 말해서 참된 개성이란 획일화에서 벗어남 그것이란다.

내 사랑하는 제자 숙아! 멋과 맛은 동의어란다. 그윽하고 깊은 맛은 그 맛내기에 관여한 모든 요소의 조화에서 비롯된단다. 어느 한쪽에 치우치지 않고 평형을 이룬 조화. 해서 여인의 참된 멋은 당사자의 건강, 지성, 인격, 예절의 조화란다.

숙아! 너를 대학에 보낸 아빠의 소망을 한번쯤 생각해 본 적이 있니? 선생님이 모르면 몰라도 아빠는 네가 대학 4년 동안 휩쓸려 떠내려가지 말고 인생의 좌표와 생의 향방을 찾아내 주기를 바라셨을 것이다. 이 점 선생님 생각과 하등 다름이 없단다.

세속에는 흙먼지바람도 있고 몸채로 날려 보내는 회오리바람도 있단다. 네가 바라건 바라지 않건 간에 이 바람들은 네가 세상을 살아가는 동안 불가피하게 만날 수밖에 없단다. 네가 이를 헤치고 나가기 위해서는 흔들리지 않는 가치관과 의지가 필요하단다. 너의 대학입학은 그런 상황대처의 능력과 자질을 키우기 위해서

가 아니겠니. 그럼에도 불구하고 네가 의연치 못하고 휘청거림은 선생님의 가슴을 무척이나 아프게 한단다. 네가 만약에 대학 4년 동안 이런 상황대처의 능력을 기르지 못한다면 대학생활은 처참한 실패로 끝나고 말 것이다.

숙아! 왕후장상이 되었건 초동급부가 되었건 우리 앞에 허여된 시간은 날짜로 따져서 2만 5천여일 정도란다. 세월은 미녀라고 해서 비껴가지 않는 것이며 추녀라고 해서 더디 가는 것이 아니란다. 그러니 숙아! 그 허락된 시간을 어떻게 활용하느냐에 따라 우리네 삶의 질이 좌우되는 것 아니겠니. 허송하면 허송한 만큼의 빈 광주리. 하여 시성 타고르는 인생살이를 긴 여정에 비유하고 그 여행이 끝났을 때 신 앞에 내놓을 광주리를 마련해야 한다고 했단다.

너는 선생님이 익히 알다시피 대학의 관문을 뚫기 위해 책 한 권 제대로 읽지 못했지. 이런 상태가 대학까지 지속된다면 너의 빈 머리는 얼마나 끔찍한 상태가 되겠니. 명철한 판단은 뒷전으로 밀리고 우견이 활개 치는 광대가 될까 두렵구나. 이 경우 장자가 설파한 겨울을 모르는 매미의 꼴이 되고 말지 않겠니. 이를 면키 위해 폭넓은 독서를 해야 할 것이다.

숙아! 세상에는 위대한 성인도 철학자도 많지. 그들이 남긴 말씀은 천하에 가득 차 있단다. 그러나 숙아! 실행은 없고 말씀만이 지천이면 무엇 하겠니. 그래서 1천5백 년 전의 달마는 '도에 밝은 자 많으나 그것을 실천하는 자 적다.'고 언급한 것 아니겠니. 이제는 말씀이 필요한 시대가 아니요 실천만이 이 인류를 고초에서 구할 수 있는 때란다. 너 학행이 일치하도록 노력해 주지 않겠니.

선생님은 이제 편지를 끝낼 때가 온 것 같구나. 그런데 한 가지 빠뜨린 것이 있구나. 곧 지적 편식을 하지 말라는 부탁 말이다. 왜냐하면 지적 편식은 편견을 낳고, 그 편견은 죄악을 낳는단다. 이 편견은 핵무기보다도 더한 파괴력을 갖게 된단다. 어찌 보면 지금 이 지구상의 비극은 편견의 더러운 분비물이라고 할 수 있단다. 특히 종교에서 오는 편견은 그 해악이 끝날 줄을 모른단다. 그래서 진정한 종교인이 되려면 상대의 인식으로부터 출발하는 종교인이 되어야 할 것이다.

숙아! 분명한 것은 이 지구상의 어떤 종교도 인간 전체의 구제는 불가능하단다. 이 말 명심해라.

부디 건강하거라. 총총히.

(동대학보 제249호. 1997.)

폴란드에서 제자 숙에게

숙아! 지금도 서울에는 장맛비가 줄창 내리고 있겠지.

너도 알다시피 여행을 떠나기 전 우리네의 공통된 감정은 설렘과 기대가 아니겠니. 이번 여행지는 동부유럽이었단다. 폴란드가 첫 번째 여행국이었지. 이 나라의 대표적 문화유산인 아우슈비츠와 소금 광산을 관광키 위해서였단다.

그런데 숙아, 아우슈비츠 제일수용소(나는 이곳을 일괄처리 살인 공장이라고 부르고 싶단다) 앞에서 듣는 안내인의 설명은 내 육신의 마디마디에 소름을 끼치게 했단다. 이곳에서 희생된 유태인의 수효가 적게 잡아도 200만이 넘을 것이라는 설명부터가 나의 오감을 멈추게 하는 것이었다. 죽어간 원혼이 땅속에 잦아들어 있을 원귀의 땅을 구경삼아 걸어야 한다니……. 안내를 받아 한 발짝 한 발짝 수용소 안으로 진입할수록 나의 가슴은 온통 거대한 그 무엇에 짓눌림을 당한 듯 심장은 심하게 두근거리다가 멈추다 하는 것 같았단다. 잠시 진정키 위해 푸른 하늘을 우러러 보았단다.

그런데 숙아! 내 시선이 머무는 한 편에 몇 그루의 아름드리 미루나무가 정정히 서 있었는데 그 미루나무에 매달린 잎사귀들이 바르르 떨고 있었단다. 마치 내 심장이 파르르 떨고 있는 것처럼 말이다. 인간의 만행을 묵묵히 지켜봐 온 미루나무. 아마도 그 잎새는 바람결에 떠는 것이 아니고 인간의 증오와 잔혹성에 떨고 있는 것처럼 보였단다. 게다가 그 미루나무 사이를 쏜살처럼 스치고 지나가는 칼제비(호남지방에서는 일반제비보다 몸집이 크고 빠른 제비를 두고 그 날개모양을 본따 칼제비라 부른단다)는 어찌 그리 매정하고 날쌔 보였는지……. 60년의 세월을 날개깃털에 싣고 흐르는 유성처럼 보였단다. 그래, 60년의 세월 앞에 인간의 잔혹성은 저 제비의 나는 몸짓처럼 순식간에 잊혀지고, 그 잊혀진 추억을 딛고 그것을 구경거리로 삼아 관광하는 너와 나. 이 또한 인간 잔혹의 변이형이 아니겠니.

수용소 각각의 동마다 전시되어 있는 유태인 사자들의 처참한 유류품들. 이곳 박물관에 전시된 목록에는 유태인의 해골더미를 비롯해서 사자들의 허옇게 빛바랜 머리카락더미, 그들이 생전에 신었던 신발, 그들이 이곳을 끌려올 때 괴나리봇짐을 담았던 가방, 참혹한 인간 이하의 대우로 말라깽이가 된 육신의 사진, 그리고 어린이들이 입었던 옷가지와 인형이나 장난감들이 전시되어 있는가 하면 수용소 당시의 모습을 재현해 놓은 잠자리, 변소, 욕실……. 이것만이 아니었단다. 골수분자나 탈출을 시도한 자들을 본보기로 총살시키는 사형집행장이며 말썽부린 자들을 본때 보이기 위해 처형시켰던 단두대, 수백 명을 한 곳에 몰아넣고 위에서 독가스를 주입했던 가스살인 지하방. 숙아! 어디 그뿐이겠니. 바로 곁에 그렇게 죽어간 주검을 소각시키는 화장실 등등. 이 모든 것들은 60여 년 전 일로 나와는 직접적으로 연관되지 않은 것이지만 그것들이 주는 충격들이 내게 긴 한숨과 몸떨림을 그칠 줄 모르고 지속시키고 있었단다. 아! 수천만 번을 저주받아야 할 인간의 잔혹성. 지금 나는 저 죽어간 자들의 원혼 앞에서 도시 무엇을 할 수 있단 말인가. 그냥 깊디깊은 한숨만이 있을 뿐…….

숙아! 얼마 전 이라크에서 고 김선일씨가 납치되어 무참히 학살된 영상을 너도 보았으리라. 그때 선생님은 얼마나 큰 한숨과 분노로 이글거렸는지 모른다. 며칠을 두고 한 동족으로서 아니 인간으로서 이 지구상에 생명을 부지하고 있다는 것이 수치스럽기마저 했단다. 부득이 해서 살아야 하고 또 살 수밖에 없는 이 지구촌의 잔혹한 환경. 그 잔혹한 학살을 막아내는 데 어떻게라도 일조하지 못하고 강 건너 불을 보듯 해야만 하는 내 처지는 분명 공범자가 아니겠니.

그러나 숙아, 이곳 아우슈비츠 살육현장을 목도하면서 이라크에서의 증오는 '아무 것도 아니구나.' 하는 감정이 내 뇌리를 스치고 지나갔단다. 이는 고 김선일씨의 죽음에 대한 연민이나 동포애가 감소되어서가 아니라 끝없는 인간잔혹성이 이곳에서는 수적으로 질적으로 몇 년을 두고 자행되었다는 점 때문이었단다. 숙아! 죽어간 자의 저주만이 아니고 지금을 사는 무관한 자들까지 내뿜는 저주의 불길은 이곳 아우슈비츠에서 앞으로도 지속될 것 아니겠니.

인류의 문명은 분명 발전했고 그것이 남긴 분비물들을 오늘을 사는 지구촌의 인간들은 있으면 있는 대로 없으면 없는 대로 실컷 누리고 사는 것 아니겠니. 그러나 숙아! 생각해 보렴. 물질의 발전과 풍요가 우리네 삶의 질을 진정 높여주고 있는가를. 지금 우리는 분명 물질소유의 극점에 와 있다고 할 수 있지. 그럼에도 불구하고 너와 나는 보다 더 많이 소유키 위해 이리 뛰고 저리 뛰고 하면서 중요한 그 무엇들을 잃어 가는 현실이 아니냐. 세칭 웰빙을 외치면서 말이다. 그러다 보니 너와 나의 정신은 황폐화 되고……

숙아! 물질의 소유가 어찌 행복의 가늠자가 될 수 있겠니. 적게 소유할수록 무집착 무신경의 경지를 만들어 우리네 행복을 담보해 주는 것 아니겠니. 아우슈비츠의 살육도 고 김선일씨의 죽음도 정신적 피폐와 공허가 낳은 결과물이라면 나의 지나친 억설이 되겠니. 나는 단연코 너에게 말할 수 있단다. 인류는 물질적 면에서 엄청나게 발전했고 또 상한선을 모른 채 발전해 갈 것이다. 그러나 이것은 결단코 인류의 병리적 발전이랄 수 있단다. 아니 정신황폐화의 발전이라 할 것이다.

숙아! 우리가 발전해 왔다는 것이 도시 무엇이란 말이냐? 먹고 입고 자는 곳은 풍요로워지고 화려해지고 안락해졌지만 인간생명 지탱의 또 다른 축인 영적 세계는 퇴영으로 치닫는 오늘이 아닌가 한번 생각해 보렴. 물질세계 아니 과학세계의 발전, 물질만큼 우리네 영적세계도 풍요로워졌다면 오늘날 세계인류문화유산으로 지정된 아우슈비츠는 애당초 지구상에서 존재하지 않았을 것 아니겠니. 오늘날에 살아남은 인간들은 이곳 구석구석을 관광하며 한숨짓고 통곡하며 끝없는 다짐을 하건만, 오늘도 자행되는 이라크에서의 살육은 도시 어떻게 설명해야 한단 말이냐. 그래도 너는 인류문명이 발전해야 된다고 생각하니? 이제 물질문명은 여기에 멈추고 정신세계의 발전을 도모키 위해 우리 모두 머리를 맞대야 하리라. 그래서 인간이 인간을 능멸하고 살육하는 오욕의 역사는 예서 끝내야 하리라. 동서고금의 성현들의 말씀에 귀 기울이며 눈을 감아야 하지 않겠니.

숙아! 폴란드에서 두 번째로 들른 관광지는 소금광산이었단다. 바닷물이 지구의 지각변동에 의해 육지화되면서 소금광석으로 변한 소금광산이란다. 지하 135m까지 파고 내려간 이 광산은 지금은 폐광이지만 폴란드 정부에서는 이곳을 관광자원으로 재생시켰단다.

이곳을 구경하려면 엘리베이터를 이용하는 방법도 있지만 대부분의 관광객들은 꼬불꼬불하고 비좁은 계단을 내려가며 관광을 하게 되어 있단다. 이곳은 유네스코가 지정한 세계문화유산이어서 여행을 좋아하는 사람이라면 한번쯤은 다녀가는 곳이란다. 이곳 계단의 통로의 벽면은 두꺼운 원목판자로 꾸며져 있단다. 그런데 숙아, 그 판자벽에는 공간이라고는 찾아볼 수 없을 만큼 낙서로 빼곡히 채워져 있단다. 낙서 내용의 대부분은 국적 성명 날짜가 주종을 이루는데, 서울 어느 구석에 있는 낙서가 허용된 카페의 벽을 연상하면 되지.

그런데 숙아, 나는 그 너절한 낙서들을 보면서 끝없는 처연감에서 벗어날 수가 없었단다. 죽기 전에 그 어떤 흔적이라도 남겨놓고 싶은 인간의 초라한 자기표현 욕구, 저 초라한 낙서 주인공이야 고작 칠십 생애를 부둥켜안고 각축하다가 원소로 환원되겠지만 이 소금광산이야 인류가 존재하는 한 영원한 관광지로 남아있을 것 아니겠니.

숙아, 소금광산이 문화유산으로 지정된 것은 소금을 캐내는 인간들의 처절한 모습의 재현도 재현이겠지만 계단 끝 지점까지 내려가면서 만나는 소금광석으로 만들어 놓은 수려한 조각품들이 현재에 사는 인간들에서 그칠 줄 모르는 감탄과 경이감을 불러일으키기 때문이란다. 넓은 광장을 조성하고 그곳에 성당을 짓고 예배단을 정교하게 조상해 놓기도 하고 폴란드제국을 크게 부흥시킨 왕비의 조상, 폴란드를 구한 장군의 조상, 어디 그뿐이겠니. 괴테가 다녀간 것을 기념키 위해 세운 괴테의 당당하고 의젓한 모습 등… 그런데 숙아, 놀라운 것은 이런 조각품들이 조잡스럽지 않고 정교할 뿐만 아니라 억지스럽지 않고 자연스러우면서도 육중한 질감과 생동감이 넘쳐난다는 사실이란다. 단지 흠이 있다면 부조물의 표피의 색감이 솔가지 그을음을 뒤집어 쓴 것 같다는 점이란다.

숙아! 내가 관광코스의 끝지점인 135m의 광장에 이르렀을 때 만난 것은 아우슈비츠에서는 보지 못했던 인간만이 지닐 수 있는 위대한 힘-창조력의 무한대, 그것이 빚어낸 신에 버금가는 창조물이었단다. 그 광장 한 쪽 끝자리에 마련된 성모마리아의 신비가 뒷받침한 숭고미의 조각이며 벽면에 예수님 최후의 만찬의 조상은 나에게 전율감을 느끼게 하기 충분했단다. 그런데 숙아 이때의 전율감은 신적 존재가 우리에게 주는 전율감이 아니라 위대한 조각품과 비교해 볼 때 이곳 조각품들이 보다 우수한 것은 아니었지만, 지하 135m에 그것도 소금광석으로 만든 작품이라 생각하면 그 떨림은 어쩜 당연한 것 아니겠니. 이곳 천장에 매달려 있는 샹들리에는 소금광석으로 그 수술을 만들어 놓았는데 전등불에 반사된 모습은 수천 개의 보석을 매달아 놓은 것 같았단다.

숙아! 아우슈비츠에서 느꼈던 인간혐오가 이곳에서는 인간애로 바뀌는 나의 변덕스런 감정을 너는 이해하리라. 아마도 인간의 본바탕은 저 위대한 창조력일 것이다. 이제 펜을 놓아야겠구나.

숙아! 이번 여행에서 받은 인상을 한 마디로 정의하자면 절망과 전율이었단다. 절망은 유럽건축물이나 조각물을 우리는 앞으로 영원히 가질 수 없다는 데서 오는 감회라면, 전율은 그 건축이나 조각품들의 우아미와 숭고미가 나를 압도하는, 그래서 우리에게 치를 떨게 하는 것이었단다. 따라서 숙아, 나는 이번 여행에서 인간속성에 대한 긍·부정의 양면을 폴란드 여행에서 확실히 확인한 셈이란다. 이만 총총……

(2004. 창조문학 가을호)

나를 키워주신 은사님들

요사이 시쳇말로 선생은 있어도 스승은 없고 학생은 있어도 제자는 없다는 말이 세속의 골목을 가득 채우고 있다. 그러나 세속이 그렇다고 해서 어찌 스승과 제자가 없으리오. 오늘날 나의 작은 성공과 성취는 전적으로 스승의 지도와 가르침에서 비롯되었음은 두 말이 필요치 않다.

내 대학 3학년 시절이었던가 보다. 무애 양주동 선생님께서 강의 도중 "사내로 태어나서 평생 동안 지조를 지키고 산다는 것은 쉬운 일이 아니다."라고 하시며 긴 한숨을 내쉬시는 것이었다. 그때 나는 선생님의 이 말씀을 듣는 순간 내면으로부터 깊은 회의감과 반감을 느꼈으니…. 여기에는 내 나름대로의 자만과 자신감이 자리하고 있었던 탓이었다.

그 당시 나에게는 선생님의 말씀이 너무나 당연하고 용이한 것으로 생각되었다. 그러나 현대사의 소용돌이를 고스란히 겪어오면서 내가 목도했던 저 많은 사건들, 그 사건들의 중심축에는 언제나 변절과 실절을 되풀이했던 학자와 문인들이 자리하고 있었다. 무애선생님께서의 그때 그 말씀이 당신의 육화된 말씀임을 깨닫게 된 것은 내 나이 이순을 지난 지금에서야이니…. 이제야 나는 당시 나의 치기를 회오하며 선생님의 이 말씀을 반추하곤 한다. 학자로서의 길이란 게 얼마나 어려운 것인가. 세속의 속된 유혹을 과감히 뿌리쳐야 하고 부적절한 소득엔 주머니를 막아야 하며 부당한 권력의 협박과 위협에 의연해야 하고…. 선생님의 말씀을 이제야 눈뜬 어리석은 제자. 뭐니 뭐니 해도 학자가 고지로 삼아야 할 것은 학문의 성취일 게다.

나를 왕양한 학문의 길로 인도해 주신 석전 이병주 선생님은 내가 석사논문을 준비 중일 때 이렇게 말씀하시는 것이었다.

"문 선생 살림은 밑을 보고 해야 하고 학문은 위를 쳐다보고 해야 하오. 그래야 성취가 있지요. 행여 살림에 함몰되면 아무것도 이루지 못하오."

당시 선생님께서는 나의 곤궁한 삶을 훤히 꿰뚫어 보고 계셨던 것이다. 그 당시 나는 학원가의 제법 인기 있는 국어강사로서 대학원 시절의 생활 곤궁을 학원 강사료로 메워 가고 있었다. 지금 생각해 보면 만일 그 당시 높은 강사료의 유혹에 내 자신을 침몰시켰더라면 내 평생 학문과의 거리는 영원히 멀어졌으리라. 보다 풍요로운 삶과 보다 찌든 삶의 갈림길에서 선생님은 후자의 길을 택해야만 학문의 길에 들어설 수 있다고 인도해 주신 것이다. 그러니 오늘날 내 작은 학문의 성취는 석전 선생님의 지도가 있었기에 가능했다고 하리라.

내가 서예를 공부해 보겠다고 다짐을 하고 여초 김응현 선생님께 사사하기 수삼 년 되던 어느 날, 나는 전서(篆書)의 꽃이라는 이양빙(李陽氷)의 삼분기(三墳記)를 나름대로 익힌 뒤, 그 결과물을 선생님께 보여 드리며 가르침을 기다리고 있었다. 행여 선생님 특유의 매몰찬 비평이나 꾸중을 듣지나 않을까 하고 전전긍긍

하고 있는데 선생님께서는 의외로 이렇게 말씀하시는 것이었다.

"문 선생 철선을 삼키셨군요."

나는 사실 선생님의 그 말씀이 있기 전까지만 해도 '도시 나에게 서예가로서의 자질이 있는 걸까?' 하며 회의에 젖어 있었다. 그런 내게 선생님의 이 같은 평어는 나의 회의감은 물론 자신감마저 함께 심어 주셨던 것이다. 나는 이에 힘입어 그 뒤 많은 시간과 노력을 이 분야에 투자하여 꿈을 키워갔다. 다시 몇 삼년의 세월이 흐른 뒤 나는 다시 안진경(顔眞卿)의 제질고(祭姪稿)를 정리해서 선생님께 검사와 가르침을 받게 되었는데 그 날 선생님은 내 정리된 작품들을 찬찬히 뜯어보시고 나서 이렇게 말씀하셨다.

"문 선생 명필은 순간에 태어나는 거요."

그날 선생님의 이 같은 평가는 내게 환희와 뿌듯함을 안겨 준 복음이었다. 회의로 그득했던 의문은 일거에 걷히고 하면 된다는 자신감으로 전이되는 순간이었다. 서예가로서의 조그만 성취, 이는 여초 선생님의 격려 말씀이 자양분이 되었음은 두말할 필요도 없다.

생각해 보면 우리는 일생을 살아가는 동안 많은 스승님들을 만난다. 직접적으로 간접적으로… 그러나 한 인생의 혼을 흔들어 놓고 인생의 좌표를 바꾸게 하는 스승과의 만남은 흔한 것이 아니다. 내게 있어서 이 세 스승님은 너무나 소중하고 귀중한 분들이다. 정년이 내일 모레인 내게도 인생에 대해, 사람에 대해 묻고 길을 안내받고 싶을 때가 수두룩하다. 그럴 때마다 나는 선생님을 찾아뵙고 어린애 같은 억지도 부려보곤 한다. 그럴 때마다 나는 선생님의 가르침을 곱씹는다. 어디 그뿐이겠는가. 이제는 몸이 불편하신 석전 선생님을 찾아뵙고 어린애 같은 억지도 부려보곤 한다.

나의 지금 모습은 제자들에게 도시 어떻게 비춰지고 있을까? 내 스승님들이 나를 깨우치셨던 것처럼 제자들의 혼을 깨워 주지 못하고 행여 천박한 지식을 테크닉만으로 전달하는 메신저에 그치고 있지나 않은지 두렵다.

(2005. 5. 10 동대학보)

이런 교수님들 강단 떠나야 한국이 산다

이 글은 내가 대학 강단에서 30년 가까이 강의해 오는 동안 내 나름대로 느끼고 경험했던 가슴 아팠던 일들과 그것들에 대한 회오의 감회를 기록한 것이다. 생각해 보면 나의 대학교수로서의 지난 30년은 행운이었거나 신께서 잘못 점지해 준 길이었다. 왜냐하면 인문학을 전공한 학자로서 뚜렷한 업적을 남기지도 못하고 강단을 떠나야 하기 때문이다. 자괴심이 가슴을 짓누른다. 그러므로 이 글은 내 자신에 대한 자책문인 동시에 후배교수 내지 교수지망 예비학자들에게 주는 당부의 글이기도 하다.

이제 세상은 많이 좋아졌다. 70~80년대의 어두운 시대적 상황과 비교해 볼 때 오늘의 현실은 요순시대라 해도 과언이 아니다. 이는 우선 정치적 상황이 빚어낸 암울하고 무서웠던 공포시대가 사라졌다는 데서 하는 말이다.

긴 역사의 터널에서 보면 어느 시대라고 해서 암흑의 시대가 없었겠냐마는 70~80년대의 현실은 이 나라가 일제식민지 하에서 벗어난 이래 가장 무섭고 어두운 시절이었다. 그런 시절 탓이었던가. 이름자깨나 날리던 학자와 문인들 중에는 그 상황을 예찬하면서 담합을 일삼고 소신과 지조를 버린 자 없지 않았으니 이름하여 곡학아세한 학자, 문인들이었다. 그 중 대표적 사건은 사육신 중 한 분을 자신의 조상으로 바꾸어야 한다는 권력자에 빌붙었던, 학자로서 마지막까지 지켜야 할 학문적 양심을 헌신짝처럼 버린 학자군들… 어디 그뿐이던가. 역사를 바로 세워야 한다는 통치적 주장 앞에 일렬종대로 도열하며 현대사 바로 세우기에 동참했던 학자들. 달콤한 언어구사로 아니 자칭 예리한 식견으로 권력자의 비위를 잘도 맞추었던 문사들. 어둠이 하마 걷히었는데도 이들은 지금도 한 자리를 차지하고 떵떵거리고 살아간다. 구토증이 나는 지존자들…

내 대학시절 무애 선생님께서 어느 날 강의시간 중에 이렇게 말씀하시는 것이다.

"학자로서 평생토록 지조를 지키며 산다는 것은 쉬운 일이 아니야."

나는 당시 선생님의 이 말씀에 쉽게 동의할 수가 없었다. 선생님이 진단하신 삶의 태도는 너무나 쉽게 여겨졌기 때문이었다. 그러나 내 지금 생각해보면 선생님께서는 40년 뒤 내 회억의 빌미를 미리 마련해 주셨던 것이다.

곡학아세로 출세가도를 달렸던 곰팡이 냄새나는 교수님들이여 학자여 문인들이여 이제 강단을 떠나셔다오.

우리네가 세상을 살다보면 중치가 탁탁 막히고 억울하고 흥분할 일이 얼마나 많았겠는가. 그럼에도 불구하고 바른 말 한 마디는 고사하고 흐릿한 태도로 세속사에 무관심해 보이는 태도를 마치 초탈적 삶인 양 치부하며 무지조와 침묵으로 일관하는 대학교수님들. 강의 시간에 제자들이 가슴 아파하는 현실문제에 대해 일부러 외면하며, 소신도 없이 살아가는 속물근성의 교수님들. 이들, 한시 바삐 강단을 떠나야 한다. 왜냐하면 이런 속물적 지성의 해악은 수십 년을 두고 후학들에게 영향을 끼치게 되기 때문이다. 한 번의 과식과 잘못 먹은 음식이야 설사나 복통의 고통만 치르면 되지만 올바른 것을 올바르다고 말하지 못하는 지사적 기질이 없는 학자의 자질은 최소 30년이라는 후유증을 유산으로 남기기 때문이다. 나라와 민족은 영원한 것이다.

우리 속담에 '노루다리뼈 삼년 우려낸다.'는 말이 있다. 현재 자신의 위치에서 아무런 진전이나 발전도 이룩하지 못하고 한때 반짝했던 그 무엇만을 가지고 그것이 아직도 유효한 양 오늘도 자랑으로 여기고 반추를 일삼으면서 끼리끼리 파당을 만들고 서로를 비호하면서 과거 한때 자기만 못했던 것이 현재에도 영구히 지속되는 것으로 착각하는 일군의 학자무리들-이른바 회고지상주의 신봉자들, 세칭 일류대학을 나왔다는 프리미엄 하나만으로 대학 강단에 선 뒤, 상대를 얕잡아 보는 것을 자신의 학문적 권위로 착인하는 바보스런 일단의 대학교수님들. 이들이 파당을 이루고 변호나 비호가 현실의 벽으로 존재하는 한 학문의 세계는 나락으로 침강되고 미래가 암울해질 것은 자명한 것 아닌가. 그러니 이런 자들은 어서 대학을 떠나야 한다. 그러나 이 범위에 어찌 세칭 일류대 출신만 국한되리오. 대학 교수입네 학자입네 하면서 단 한 권의 권위 있는 전공 저서도 남기지 못한 자들도 경우는 마찬가지이니 보따리를 싸야 한다.

교수라고 해서 잘 먹고 잘 살지 말라는 법은 없지만 일단의 교수들 중에는 아파트 평수 늘리는 것과 잘 먹고 사는 것에 목숨을 거는 교수 또한 없지 않다. 그러나 대학교수는 돈을 버는 직업이

되어서는 결코 아니 된다. 대학교수라는, 아니 학자라는 직업은 열심히 연구하다 보면 그 대가가 몇 푼의 수입으로 주어져, 그것으로 생을 꾸리는 자이어야 한다. 그러니 연구가 최우선이고 수입은 연구의 결과물이어야 하는 것이다. 그럼에도 불구하고 요사이 일부의 교수님들은 직업의식이 먼저고 연구의식이 뒷전으로 밀리는 경향이 짙다. 생각해 보라. 연구실에서 밤늦게까지 불을 밝혀야 할 교수님들이 주말마다 필드에나 나가고 먹거리에나 온통 신경을 곤두세운다면 어느 세월에 연구를 위한 겨를이 마련될 수 있는가를.

하루 세 끼 끼니야 무슨 일을 한들 해결되지 않겠는가. 생계 꾸리기나 실업자 모면만을 위한 교수직이라면 진즉 강단을 떠나야 한다. 왜냐하면 대학 강단이 먹거리 살거리 해결을 위한 수단으로 전락되는 경우 이 나라 장래는 암연히 수수로울 것이다. 따라서 대학의 본래 소명인 건전한 인격의 시민양성과는 거리가 멀어지기 때문이다.

요사이 언론매체들이 한결같이 떠들어 대는 것은 대학 강단에서의 교육 내용과 질이 산업현장에 적용되지 못하는 낡은 내용이라는 것이다. 옳은 말이다. 산업사회에 사는 우리에게 이보다 더 절절한 지적이 또 있을까마는 나는 그럼에도 불구하고 이 같은 견해에 동의할 수가 없다. 우선 대학교육을 보는 사회의 시각들이 이원화되어야 한다. 기술교육과 인문교육은 엄연히 변별되어야 한다.

매스컴들의 지적은 기술교육 쪽에 치중된 지적에 불과하다. 물론 기술은 중요하다. 왜냐하면 기술은 우리 모두의 삶을 풍요로

이끌어 주기 때문이다. 그러나 아무리 기술이 중시되는 산업사회라 하더라도 문사철이 뒷받침되는 인문교육이 경솔하게 치부된다면 그 사회는 십중팔구 병든 사회다. 왜냐하면 인류문화의 성취와 발전은 인문학의 결정체이기 때문이다.

우리는 흔히 뭔가 모자란 사람을 두고 얼빠진 놈이라 한다. 사회도 집단도 국가도 마찬가지다. 생각해 보라. 혼과 얼이 빠진 사회의 공허를…. 대학교수는 있어야 한다. 그래서 교수님의 한 마디 한 마디가 방황하는 젊은이의 빈 머리에 육화된 생의 지침 내지 좌우명이 되어 주어야 한다. 자신의 혼과 인생철학의 진솔한 내용을 토해 내는 교수님이어야 한다. 이 경지에 이르지 못한 교수는 직장인은 되어도 진정한 교수는 아닌 것이다. 그러니 인생의 스승이 될 자격이 없는 교수는 강단을 어서 떠나야 한다.

이런 나의 외침은 나를 포함해서 밥벌이에 급급한 교수님들에게 서운할 수도 있다. 그러나 어찌 하겠는가. 이 사회인들의 범박한 인식 이전에 교수는 사회적·국가적으로 정신적 지주가 되어 사회 혼탁을 정화시키며 뚜벅뚜벅 걸어가야 하는, 밭두둑을 가는 황소여야 하는 것을…. 무의식, 무신념, 무항심의 교수가 강단에 머물고 있는 한 피교육자 또한 이런 유형의 인간으로 성장될 수밖에 없는 풍토는 자명하리라. 그래서 어서 강단을 떠나라고 외쳐대는 것이다.

사회학자들은 오늘의 한국 현실을 두고 과도기라고 진단한다. 한 계단 업그레이드를 위한 혼란기라는 것이다. 그럴 수도 있을 것이다. 그래도 대학교수이기 때문에 해야 할 일이 있고 해서는 아니 되는 일이 있다. 해서는 아니 되는 일 중의 하나가 자신의 소유욕 충족을 위한 행동양식이리라. 적어도 대학교수는 블루칼라의 노동자가 아니다. 그런데 언제부터인가 교수들 노동조합이 생겨나더니 행동방식 또한 노동자처럼 거리를 누비기도 한다. 어디 그뿐인가. 가장 중시되어야 할 신체의 일부인 머리털을 썽뚱 잘라 내기도 한다. 아, 처절한 에고이즘의 발로. 스스로를 블루칼라로 전락시키는 슬픈 모습들을 볼 때, 교수로서의 고고한 모습은 엿장수 노랫가락과 뭐 다르겠는가. 삭발하는 교수님네들 말하기를 민주요, 정의구현이라는 캐치프레이즈는 필수품이 아니던가. 그러나 물리적 힘으로 성공을 거둔 뒤 그들의 당초 외침은 변질되고 결국 밥그릇 싸움에 전력투구하는 슬픈 현실을 나는 설명할 길이 없다. 이들 또한 최우선적으로 강단을 떠나야 함은 자명하다. 교수는 노동자가 아니요, 정치모리배도 아니기 때문이다.

나는 4·19 세대다. 그 때 교수님들께서 플래카드를 들고 거리에 나선 모습을 나는 아직도 생생히 기억하고 있다. 흰 가운을 입으셨거나 정장으로 차려입으셨던 당신들의 모습은 숭고하고 의젓하며, 범접할 수 없는 권위가 넘실대고 있었다. 그분들을 통해 나는 민족과 국가의 장래를 진정 걱정하는 참모습을 확연하게 볼 수 있었다. 그분들은 그 시위를 끝낸 뒤 모두가 제자리로 회귀하셨다. 그분들의 데모는 대의명분이 넘쳐 났었다. 그런데 지금 교수님네들의 모습을 보라. 대의명분은 고사하고 사분(私忿)을 공분으로 착각하면서 천막을 치고 그 천막 구석구석에 구호를 내걸고….

모든 싸움은 대의명분이 있어야 숭고하다. 사욕과 자리다툼을 위한 투쟁은 천한 모리배들의 몫이다. 생존권을 위해서라는 어설픈 변명은 그만두어야 한다. 왜냐하면 대학교수직은 최소한의 생존이 보장되어 있기 때문이다. 펄펄 뛰는 청년들의 실업을 생각해 보면 이는 분명 사치스럽다. 보다 많은 소유와 보다 큰 밥그릇 싸움은 소유만이 최고 목표인 모리배에게 돌려주고 대학교수는 자존을 위한 연구실로 회귀해야 한다. 그래야 나라가 산다.

적어도 대학 교수라면 이 나라 이 민족의 앞날의 명운이 자신들의 어깨에 걸려 있다는 것쯤은 인식해야 한다. 해서 늙다리 문영오 교수는 이렇게 주장하는 것이다.

(2005. 여름호. 시와 산문)

감사하는 마음으로 산다

나는 늘 감사하는 마음으로 산다. 내가 명색이 남을 가르치는 직업에 투신한 지도 어언 10여년, 이 직장 이 위치에서 나대로 노래를 부르게 해 준, 지금 이 순간까지 독감 한번 걸리지 않게 강인한 체력을 부여해 주신 어머님께 감사하는 마음으로 산다.

일요일마다 간단한 백을 꾸려 매고 정처 없이 여행을 떠나게 해 준 이 생명의 환희, 들녘 흙냄새며, 끝없이 펼쳐진 산자락에 희게 곱게 피어난 갈꽃, 어느 들녘 한 가운데 퇴락일로에 있는 고탑에 기대어 하늘을 쳐다보면 탑이 내 앞으로 덮쳐 오는 것 같은 환상의 즐거움, 이 환상적 즐거움은 일주일 내내 삶에 지친 내 심신에 활력을 불어넣어 준다.

생각해 보라. 금전이 아무리 지천으로 쌓이고 경제적으로 풍족의 극을 달린다 하더라도 신이 이 건강을 베풀어 준 은총이 없다면 무슨 재미가 우리를 덮쳐올 것인가. 이 산바람 저 들바람 이 골 저골에서 흘러내린 맑은 물, 그 물을 그 바람을 마실 수 없고 볼 수 없다면 우리의 찌들린 삶이 얼마나 삭막하랴.

지친 삶이건, 지겨운 삶이건, 겨우 누리는 삶이건 간에 규칙적 삶을 영위하게 해 준 이 직장에 나는 감사하며 산다. 하루 중 직장에서 보내는 8~10시간이 없다면 나는 필경 미쳐 이 거리 저

거리를 갈 곳 없이 방황할 것 아닌가? 비록 출근이 고달프고 만원 버스가 짜증스럽다 하더라도 전공 분야에 내 정력을 쏟을 수 있고 그 전달되는 지식이 보편적인 것에 지나지 못한다 할지라도 그것을 전달해 줄 때 귀를 기울이는 자 있어 나는 행복하고 또 순간 순간을 아끼면서 산다.

두어 평 좁은 뜨락에 자리한 몇 그루의 상록수와 꽃들. 친구가 댁호를 庭柏이라고 해 보라는… 사철을 정정하게 버티고 선 측백나무, 향나무. 그들은 언제 보아도 떡 버티고 서 유혹과 허장성세와 사바사바가 물구나무 선 현실에 의연하게 버티라고 가르치고 있는 것이다. 철 따라 피어나는 꽃들은 내게 계절의 변화는 말할 것도 없고 짙고 엷은 향내로 나를 취케 맹근 뒤에 자연의 순수한 이법을 가르치니 신께 감사하며 사는 수밖에.

자주 있는 것은 아니지만 일년에 한두 번 씩 선을 보이는 국제 교류 서화전이나 음악제, 이들은 외곬으로 파고드는 좁은 내 식견에 눈을 뜨게 해 주면서 이 시대에 사는 작은 보람 같은 것을 안겨다 주니 감사할 수밖에 없다.

좌절만을 되씹으며 사는 내 어려운 친구. 그는 끝내 귀거래사를 부르며 떠나고 말았지만, 그 덕분에 뭉클한 시골 소식을 전해 준 그 흙 내음 편지를 읽게 해준 반가운 날들. 이 만남의 즐거움을 안겨 준 친구에 감사하며 사는 것이다.

일요일마다 혼자 떠나는 내 산행을 걱정하는 우리 집 둘째 놈은 제 장난감 나침반을 내 손에 쥐어 주며

"아빠, 산에 가서 길을 잃으면 이걸 보고 찾아오는 거야."

하며 억지로 쥐어 준 나침반. 나는 산에서 들에서 둘째 놈의

체온과 수택이 느껴지는 나침반을 포켓 속에서 만지작거리며 들로 산으로 고삐가 풀린 망아지처럼 뛰는 거다. 이 작은 행복감을 안겨다 준 신의 무한한 은총, 이 은총에 나는 진심으로 감사하며 사는 것이다.

지난 이른 봄 삶의 비애에 젖어 생의 의미를 잃고 방황과 회의에 깊이 빠져 있을 때

"선생님, 훌륭하고 뜻이 있는 사람은 욕을 먹게 마련입니다."

라고 그의 아버님 말씀과 함께 격려해 준 그 깨어 있는 학생의 격려 편지. 그 편지는 내 생의 지침을 달래줬던 편지였는데, 나는 이 한 장의 편지에 무한한 감사를 드리며 산다.

지친 삶을 달래주기 위해 일 년 내내 줄곧 내 책상 위에 꽃을 꽂아 준 학생의 착하고 고운 비단결의 마음. 세상이 메말라도 아직도 어느 귀퉁이에는 이런 훈훈한 정이 있기에 감사하며 산다.

분만한 내 가슴을 어루만져 주기 위해 없는 돈에 술좌석을 마련해 주고 온갖 풍상을 몸으로 막으며 나를 감싸준 고마운 친구. 나는 그 친구의 마음 씀씀이에 감사하며 산다.

35도를 오르내리는 무더운 오후 마지막 보충수업에 물먹은 솜뭉치가 되어 버린 내 심신을 끌고 복도를 지나노라면 뒤따라오며 건네 준 우유 한 컵. 이 한 컵의 우유가 그 날의 피로를 씻겨 주며 생의 환희를 충만케 하니 감사하며 사는 수밖에.

출근시간에 쫓겨 허겁지겁 뛰는 내게 대문 밖까지 나와

"아빠, 안녕."

하며 흔들어 대는 막내 자식의 고 귀여운 손. 나는 이 손에 감사하며 사는 거다. 사실 감사하는 것이 어찌 이뿐이랴. 약간 우직

한 솔직으로 나를 웃게 해주는 K친구의 순박한 말씨. 바보스런 행동으로 나를 골려대고 좋아라고 웃어대는 B친구의 익살 나는 이런 것들에 늘 감사하며 산다.

(신광신문. 6호)

나를 구제해 주는 것들

사람마다 정신적 고뇌라든지 번뇌를 승화시키는 데는 여러 가지 방법이 있을 것이다. 혹자는 여행으로, 어떤 자는 산행으로, 어떤 자는 낚시로, 또 어떤 자는 술집의 편력으로…

인간들의 이런 방황이나 자기 고뇌 등의 원천은 세간에서 얻어지는 것이 대부분이기에 인간 속에서 풀어 버리는 것이 좋겠고 또 의당 그러해야겠지만 경우에 따라서는 그렇지 못한 경우도 상당히 있는 모양이고 또 각자의 개성이 다르듯 풀어 버리는 방법도 각양각색일 게다.

내게 있어서 정신적 번뇌를 인간 속에서 풀어 버린다는 것은 거의 불가능에 가깝다. 그래 내 나이 30이 넘으면서 일요일만 되면 홀가분한 기분으로 여행을 떠나기도 하고 맑은 물 산뜻한 들녘 바람을 만나러 등산을 하고 산책을 즐긴다. 내 산책이나 등산은 친구가 있어도 없어도 그만이다. 사람의 발길이 닿지 않는 곳이면 더욱 좋고, 푸른 하늘 푸른 바람이 불어오는 곳이면 더 바랄 것이 없으며, 앞이 시원스럽게 트인 바닷가나 산 정상이면 더더욱 안성맞춤이다.

지극한 즐거움이 독서만한 것이 없겠지만 독서로도 씻어지지 않는 정신적 공해가 자연에 안김으로써 말끔해질 수 있다면 더 무엇을 바랄쏘냐? 물론 독자들에 따라서 그 내용의 성취가 다르겠지만 내용을 섭취하고 자기 것으로 만드는 데에 선별의 능력이 없는 독자에게는 3M이 지배하는 시대에서 독서가 가장 큰 정신적 공해가 되는 걸 어찌하랴? 홍수처럼 밀려오는 활자의 공해를 감당하려면 어지간한 강심장과 자신의 정립이 필요하리라. 자연은 오염되어 가는 정신, 오염되어 가는 인간성을 지켜주는 최후의 보루임은 다시 언급할 필요가 없다.

생각해 보라. 매사가 여의치 않을 때 약삭빠른 것이 설쳐대고 진중한 것이 뒷전으로 물러날 때, 천박한 것이 진열되고 심오한 것이 움츠러들 때, 정의가 뒷전에서 서성이고 불의가 선주자가 되려고 할 때, 우리의 지치고 피곤한 육신을 기댈 현주소는 어디에 있는가를. 이런 경우 내게 있어서 자연은 나의 정신적 구제가 가능한 것이고 현실적 번뇌의 승화가 가능한 것이다. 현실적 고뇌의 구원이라는 점에서 종교보다 앞서는 것을 어이 하랴.

내 자신을 구원해 주고 내 자신을 나락의 수렁에서 건져 주는 것에 자연이 최종적인 것이겠지만 나는 이런 자연에 안기기 전에 나를 구원해 주는 구세주가 또 있으니 칠순이 넘으신 어머님과 서예가 그것이다.

내 나이 40이 가까운 지금에도 가장 괴로울 때는 어머님을 뵙는 것으로 괴로움을 잊고 있다. 비록 초췌하신 어머님의 모습이지만 그런 대로 건강하시니 나는 아직도 안길 품이 있다는 안도감에 자신을 구제받곤 한다. 단지 베푸시는 사랑만으로 충일되어 있는 어머님의 고우신 자태 이는 애 영혼의 귀의이다.

영국의 유명한 등산가 죤 말로리는

"너는 무엇 때문에 밤낮 산만 오르냐?"

고 묻는 친구들의 질문에

"거기에 그것이 있으니까(Because, it is there.)"

라고 대답했다던가?

내가 서예를 하고 있는 것은 죤 말로리의 이 말로 충분하겠지만 한 발자국 더 나아가서 내 자신을 연소시키겠다는 노력의 일환이기도 하다. 나는 글씨를 쓰고 있는 순간을 내 일과 중 가장 아끼고 싶은 거다. 시시한 세사에 시달리다 보면 자신을 잃어버린 무중력 상태가 되고 말기 십중팔구인데 문방사우(文房四友)를 대하고 있으면 자신을 조용히 성찰할 수 있는 절호의 기회가 되어서 좋다. 먹을 갈 때 묵향에 젖어 씻겨지는 속기하며, 한 자가 완성되었을 때 도취와 만족과 자기의 끝없는 탁마 등…. 이 경우 서예는 현실적 인간구제뿐만이 아니라, 잃어버린 자아를 발견하게 되는 심정세혼(心淨洗魂)이라 할까? 거진탈진(居塵脫塵)이 경지라고나 할까?

세상에는 여러 가지 취미생활들이 있으니 어느 것이 최고라고는 못할지라도 자기발전 면에서 본다면 두 갈래로 나누어지지 않나 생각된다. 자신의 발전을 가져오는 취미가 있는가 하면 반대로 퇴영적인 취미생활도 없지 않을 것이다. 이 양자 중 서예가 자기발전을 가져온다는 점에서는 부표를 던질 자 아무도 없으리라.

내 경우 서예의 시작은 그 무엇을 남기고 죽겠다는 거창한 뜻(그런 면이 아주 없는 건 아니지만)에서 출발한 것보다 서울의 하늘 아래에서 살다보니 뭔가 붙들지 않고서는 허전함을 메울 수 없어 출발한 것 같다. 해서 나는 오늘도 내 가슴에 뻥 뚫린 그 구멍을 채워야겠기에 물먹은 솜뭉치가 되어버린 육신을 끌고 연서회를 향해 걸음을 재촉하고 있는 거다. 인서는 구노(人書俱老)라고 되뇌면서.

(서통. 추동호. 1979.)

男性缺如時代

고려시대는 그만 두고라도 조선년간의 청년의 모습은 어떠했을까? 나는 요사이 쓸데없는 공상에 사로잡힐 때가 가끔 있다. 모르면 몰라도 오늘날의 대학생들의 모습과는 판이했으리라. 우선 머리모습과 옷차림이 달랐을 것이라는 상상은 누구도 해볼 수 있다. 외관의 차이는 엄청나서 지금을 사는 청년네들이 그들을 보면 극히 세련되지 못한 야만인으로 볼 것은 말할 것도 없고 꾀죄죄하게 때가 낀 무명바지며 짚신이 불결하다고 야단법석일 것이다. 또한 조선의 청년들이 오늘의 대학생들을 보면 오랑캐 말종이 득실거린다고 나라의 망함을 탄식했을 것이다. 더욱이 남녀유별은 고사하고 초전박살적인 남녀밀착을 보면 땅이 푹푹 꺼지게끔 한숨을 쉴 것은 말할 것도 없고 이 나라의 장래가 염려스러워 식음을 전폐하고 끙끙 앓을 선비들이 지천이리라. 혹자는 是日也放聲大哭 하는 자도 없지 않으리라.

지난 여름 나는 강의를 끝내고 버스를 타고 시내로 들러온 적이 있었다. 다행히 자리를 잡고 앉아 오늘의 강의 내용을 반추하며 생각에 잠겨 있는데 다음 정거장에서 대학교 일이 학년도 같고 어찌 보면 재수생 같기도 한 아름다운 남녀 커플이 내 곁에 자리잡고 선 것이었다. 얼굴도 그만하면 먹다 버린 쑥떡 조각은

면한 것 같아 나는 무심히 그 커플 남녀의 얼굴을 유심히 뜯어보게 되었고 그들의 천생연분 돌쩌귀 같은 다정함에 선망과 회고의 눈초리로 힐금힐금 훔쳐보기에 여념이 없었다.

그러다가 마침 그들의 옷차림에 눈이 머물게 되었는데 그네들은 남녀 공히 디스코 바지를 입고 있는 게 아닌가. 젊은 여인네들의 디스코바지 차림은 당연하고, 이런 것만 보아오던 내 눈썰미는 여대생들이 일자바지 입으면 오히려 거슬리는 묘한 습관에 젖어 버렸다.

그런데 그 제법 고급화된 내 눈에도 남자의 디스코바지 차림은 꼴불견이라 역겨움이 서서히 일기 시작하는 것이었다. 자꾸 눈을 차창 밖으로 돌리는 데도 묘하게 작동하는 호기심은 그 사내놈의 바지에 눈길이 자꾸만 가는 것이 아닌가. 안 보려고 하면 그 의지의 양만큼 비례해서 이는 호기심. 이럴 때는 호기심도 얄밉기 그지없고 해서 나는 다시 또 사내놈의 디스코 바지를 또 보게 되고 고개를 돌렸다가 반동적으로 또 보게 되고…….

그러다가 바지 주머니를 보게 되었는데 아뿔싸 이걸 어찌하면 좋단 말인가. 사내놈 바지 주머니 가장자리에 예쁜 무늬가 있는 바닥 천으로 깃솔을 해 붙인 것이 아닌가. 허허. 망신이로고. 사내놈의 디스코바지 차림도 역겹거늘 거기에 예쁜 천의 깃솔이라. 이제 세태는 남자는 떠나고 예쁜 디스코 바지 차림의 계집 옷차림의 뉴 패션 모드가 도래한 모양이구나. 이는 아마 남성결여시대의 장이 서서히 열리고 있음의 서곡이리라.

옛날에는 머리를 감는데도 빨래비누면 족했고 세숫비누면 고급이었는데 요사이는 사내들도 린스가 아니면 머리를 감지 않으려

하고 거기에다 보디 샴푸까지 사용하는 남성들이 증가하고 파크 미용이 남정네의 기초화장으로 등장하는 추세이니 바야흐로 향수화 시대, 남성의 여성화 시대가 도래한 모양이라. 그것까지도 탓할 것도 없지만 웬 향수는 그리 짙게 뿌리고 다니는지 정작으로 향내를 풍겨야 할 여인네는 선머슴으로 변하고 남정네들이 판을 치게 되었으니…

그러나 아무리 남성결여의 시대라고 해도 어디엔가는 남자다운 남자가 있을 것이다. 눈은 퀭하니 들어갔어도 초롱초롱하고 한번 뜻을 세우면 끝까지 밀고 가는 박력을 지녔으며 목에 칼이 들어와도 굽히지 않고 근육은 우락부락해도 갈꽃 같은 부드러운 정을 지닌 남자. 이런 남자가 어디쯤 오고 있으련만 만나지 못하니 이리 안타까운가보다.

남자는 남자다운 게 매력이 있으련만 뭇 사내놈들이 자꾸만 여성화되어 가는 것을 남자다움으로 착각하고 있고… 이것은 여성들이 남정네를 잘 사육한 것은 아닐까? 아니면 여성들의 동질화에 휘말려 드는 꼴은 아닐까?

그러나 여대생님들이시여! 남학생들의 일방적 공격이라고 기분들뜨지 마시라. 이 남성결여시대라는 뼈아픈 단어 속에는 여성다움의 결여라는 서글픈 의미가 공유되어 있나니.

아서라. 강단에서의 교재 강의도 중요하지만 내일부터는 우리 한문과 남학생들에게 남자의 매력 포인트가 뭣인가를 가르쳐 줘야겠다. 그리고 여학생들에게 남자는 힘의 상징이어야 하고 힘없는 사내는 쳐다보지도 말라고 충고라도 해봐야겠다.

남자의 힘은 시골 상머슴의 뚝심이 아니라 지식의 힘, 의지의 힘, 암소가 밭둑길을 걷는 것과 같은 느린 듯 하면서도 지속적이고 강인한 힘, 그리고 천하를 비예하는 기개의 힘이라고 일깨우면서.

아니 이런 모든 것을 가르치기 전에 독서의 중요성을 일깨워줘야겠다. 論語의 巧言令色鮮矣仁이라는 것을 읽게 하고 니체의 어록 「인간적인 너무나 인간적인」을 읽게 해야겠다. 그러면 중심이 그어져 디스코바지에 울긋불긋한 천으로 깃솔을 해단 바지는 다시 입지 않을 테니까.

(청대학보. 1982. 10.)

남자다운 남자 待望記

내 강단에서 은근슬쩍 남자라는 사실을 뽐내 보이기도 하지만 이건 어디까지나 조무래기 어깨춤에 불과한 것이고 내 자신이 남자 축에도 끼이지 못한 초라한 형편이라 그 불만스러움은 이때까지 이만저만이 아니다. 사람들은 늘 자신의 부족함을 남에게 기대보려는 저질스런 속성을 지니고 있는 법이라. 내 또한 이런 속성을 벗어나지 못하고 그 기대감만을 글에 담아 볼 수밖에. 그러니 이 글은 나의 기대감을 남에게 투영시키려는 투사장치에 불과한 것이다. 더욱이 요새처럼 눈알이 핑핑 돌고 가치기준이 뒤범벅이 된 세상일수록 남자다운 남자가 절실히 요구되는 법이라.

남자다운 기준치는 시대에 따라 달라지는 것일까? 그렇지는 않을 것이다. 왜냐하면 남자다움은 곧 인간다움이기 때문이다. 그러므로 변하는 것은 남자다움을 기준 지우는 모습과 표피적 삶의 기준치뿐일 것이다.

세상에는 희한한 남자형도 많다. 바람 불면 부는 대로 물결치면 치는 대로 휩쓸려 가는 남자들. 이리저리 휩쓸리다 보니 제자리는 고사하고 흘러가고 떠내려가는 것을 본 위치로 착각하며 사는 사내들. 이름해서 風打竹浪打竹의 남자형이다. 쓸려갈 때 쓸려가고 휘어질 때 휘어지더라도 다시 원위치로 환원한다면 오죽 좋으랴만…. 그래도 세상은 너그러워서 그들을 포용하나 보다. 각자들의 삶이니 뭐 나무랄 것도 없지만 문제는 나처럼 주눅 든 남자들에게 판단기준을 오도하니 안타까울 수밖에 없다. 이름해서 벌레 같은 남자형이요 부평초 같은 남자형이다.

낙지발형 남자형 꼴 또한 가관이다. 기회는 찬스겠지만 틈만 보이면 여기 붙었다가 저기 붙었다가 하는 이들의 군상은 산채로 잘린 낙지발처럼 酒黨들의 입천장에까지 달라붙는 그 강인한 흡관으로 권력에 금력에 착착 척척 붙는 꼬락서니를 연출하곤 한다. 이해에 따라 흡관의 놀림을 어지럽게 하는 이들의 생체리듬은 주위 사람 정도는 안중에도 없다. 이름해서 낙지발형 남자.

찬물을 마시고 이빨 쑤시는 남자형도 적지 않다. 전세방 신세를 면치 못하면서도 자가용을 굴려야 하고, 500냥 라면으로 점심을 때우고 1000원 짜리 커피로 입가심을 하는 이들은 고대 죽어도 허풍이다. 내일이면 천금이 들어올 것같이 호방 아닌 허풍을 떨고 머지않아 천하를 주름잡는 권력을 장악할 것처럼 뻥튀김질을 한다. 그런 속 빈 강정일수록 외양만은 번지르르해서 보디 샴푸로 몸을 씻어야 하고 온몸에 향수의 진열장을 만드는가 하면 러닝셔츠도 입지 않는 주제에 와이셔츠 윗단추를 2~3개정도 풀어놓는 것을 야성미로 착각하는 사내들이다. 거기다가 니켈에 금도금한 체인 같은 목걸이를 목에 걸고 껌이나 질겅질겅 씹는 것이 이들의 공통분모이다. 이름해서 고무풍선형 남자요 눈물에 밥 말아먹을 남자형이다.

권력이나 금력의 장악을 위해 수단방법을 가리지 않는 남자형이 있으니 이른바 오기형 남자다. 이런 류의 남자는 춘추전국시대에만 있는 것이 아니다. 오늘날에도 이런 류의 사내들은 여기저기 도사리고 있어서 출세를 위해서라면, 사적 편익과 영달을 위해서라면 친구의 우정은 말할 것도 없고 무명천 같은 애인의 사랑도 똥지른 막대취급을 하니 얄궂구나 세상이여! 어찌된 영문인지 이런 사람일수록 자가용을 굴리고 입에서는 버터냄새가 풍기기 마련이다. 이름해서 소포탁송 남자형.

20대의 거리라는 명동이나 재수생과 청소년들의 거리라는 종로에 가보라. 한국풍도 아니고 미국풍도 아닌 국적 없는 해괴망측한 차림이나 헤어스타일을 접하게 되는데 도시 그들은 어디서 온 족속들일까? 외관을 장식하는 옷차림이 내면세계까지 변질시키지 않을까 두려움이 앞선다. 해서 일본의 저명한 평론가가 동양 3국(한국, 일본, 자유중국)중에서 가장 미국화한 나라가 한국이라 평했을 것이다. 아, 그 평론가의 날카로움이여! 그저 부끄러울 따름이구나. 이름해서 미국 거지형 남자들.

세상은 어차피 兩性이 버티며 지탱시켜 가기 마련이니 女性쪽에서 이런 남자들을 백안시하고 타기해 버린다면 그 기세 제아무리 등등하다손 치더라도 꼬리를 감추기 마련이련만 여성들이 남자를 보는 눈매도 변질되었는지 요사이 젊은 여성들 사이에서는 가장 이상적인 남자로 돈키호테형이라던가. 돈 많고 호색적 내지 호남형이고 키 크고 태도 좋은 남자가 인기 절정이라니 쓸쓸한 감회를 지울 수가 없다. 물론 이런 축에 끼이지 못하니까 괜한 투정을 한다고 몰아세우면 내사 할말이 없지만, 어쩐지 세상 꼴이 반영된 것 같아 쓸쓸하기만 하다.

그러면 어떤 남자가 남자다운 남자일까? 누가 뭐래도 남자다운 남자는 솔 같고 산 같은 남자일 것이다. 사납게 휘몰아치는 외풍에도 변개를 불허하면서 의연히 서 있는 남자, 외풍이 강하면 강할수록 옥옥거리는 송뢰로, 티끌로 뒤범벅이 된 우리의 가슴을 씻겨주는 그런 당당한 남자는 있을 것이다. 구름이 끼면 그때뿐 구름 걷히면 다시 제 모습을 드러내는 산은 언제 보아도 거기 있고 그 모습이니 그 의연함이 천 년이 한결이라. 그래서 산은 그 자락에 더덕과 산삼과 지렁이와 뱀과 두더지를 기르는 여유를 지녔나 보다. 부당한 돈의 유혹이나 무상한 권력에 빌붙지 않는 남자, 솔 같고 산 같은 남자형, 의젓하고 여유 있는 남자여…….

물은 그 속성에 양면성을 지니기 마련이라 부드러움과 힘참이 그것인데, 때로는 촉촉이 젖어들기도 하고 단단한 바위를 마모시키기도 한다. 부드러움으로 강한 바위의 형체를 변형시키는 물은 꾸준하고 한결같은 속성과 힘의 집합체라. 해서 老子가 최고의 선은 물과 같다고 하지 않았던가. 세상에는 물의 속성처럼 부드러우면서 강하고 강하면서도 부드러운, 때로는 촉촉이 젖게 하는 그런 류의 남자가 있으리라. 강한 자에 강하고 약한 자에게 부드러운 남자, 메마른 대지를 촉촉이 젖게 하는 빗물 같은 남자다운 남자여…….

남자가 눈물방울을 뿌리면 청승맞고 계집스럽다고 하겠지만 싸구려 신파조 눈물이 아닌, 깊은 인간내면의 이해와 사랑에서 오는 사나이의 눈물은 많이 흘릴수록 좋은 것 아닌가? 연민의 눈물(tear of pity)은 휴머니즘 바로 그것일지니 말이다. 그런데 요사이는 어쩐지 이런 눈물이 자취를 감춘 것 같아 두렵기마저 하다. 세상살이의 강성을 연성으로 희석시켜 주는데 눈물 아니고 무엇이 있을까? 이런 뜻에서 나는 눈물을 찬양하는 쪽이지만 앞서 언급한 바와 같이 TV의 연속극에서 흔해빠진 사랑의 눈물이라면 아니 흘림만 같지 못할 것이다. 모름지기 사나이의 눈물에는 인간애에서 비롯되는 눈물이어야 한다. 인간옹호에서 흘리는 휴머니즘의 눈물 그 청초함을 지닌 남자다운 남자여…….

몇 천년을 두고 먹어온 김치. 묵은 김치는 묵은 김치대로 감칠맛이 있고, 새 김치는 새 김치대로 싱그러워 좋은 법이다. 그러나 이런 맛좋은 김치는 그 김치를 구성하고 있는 구성분자들 중 어느 한 가지 것도 도를 넘지 않는 균형감각을 유지하고 있다. 그러므로 김치 맛은 조화와 균형감의 맛인 셈이다. 적당히 짜고 적당히 맵고 적당히 시고 적당히 상큼한 김치는 우리 조상만이 발견해낸 조화의 극치다. 맛좋은 김치는 상식의 초월이 없고 억지가 없다. 있는 것은 '적당히'와 '적정선'의 조화뿐이다. 가정에 따라 독특한 맛을 풍기면서도 개성과 조화를 깨뜨리지 않는 김치 맛. 그래서 우리 조상들은 누천년을 두고 찬연한 김치문화를 이룩했을 것이다. 개성을 잃지 않으면서 공존이 있고 하모니를 이룬 김치 맛처럼 속 깊은 사내. 남자다운 남자, 이름하여 김치형의 남자여….

세상은 자꾸만 어수선해 가고 그래서 칸트의 제3 인간형은 기다려만 지는데 나를 포함해서 남자다운 남자는 자꾸자꾸 줄어만 가니 내 안타까움은 오늘도 비례의 증폭을 더해 가나 보다.

(동대학보. 1987. 4.)

남자로 태어난 수치

창밖엔 면도날 같은 바람이 불고 낙엽은 그 세찬 바람에 몸을 맡긴 채, 소용돌이치며 구른다. 나무는 지난여름 내내 자신에게 질 좋은 영양분과 산소를 공급해준 잎의 고마움을 하마 잊었는지 저리도 매섭고 매정하게 뿌리쳐 버리나보다.

나는 낙엽이 지고 저 앙상한 가지가 하늬바람에 우줄우줄 춤을 추는 찬 겨울이 되면 오리털 파카로 외투를 삼아야 한다.

내 서재에서 바라보이는 인왕산록은 건장한 사내의 팔뚝 근육처럼 힘차게 흘러내리고 그 자락에 명을 기댄 나무는 봄엔 화사한 진달래를 피워서 나를 즐겁게 하고, 여름엔 울울한 잎 모아 나를 싱싱케 하고, 가을엔 적황의 단풍으로 나를 사색케 하더니, 어느새 잎은 지고 보이지 않던 등걸이 드러나면서 산은 잿빛으로 변화되고 말았다.

내 사내로 태어나서 오늘날처럼 부끄러움을 느껴 본 적은 없었던 것 같다. 외국의 뉴스매체에서는 '한국의 부끄러움'이란 제목으로 대서특필한다지만 이 부끄러움은 한국이란 특정지역만의 문제가 아닐 것이다. 한국 같은 개판적 상황에서는 저 코가 덩그런 서양인이라 해서 뭐 다르랴. 그들이라고 해서 즉시 발복되는 금전의 유혹에 초탈할 수 있을까? 별로 다르지 않을 것이다. 상황이 만들어지면 일찍이 돈의 가치에 눈 뜬 그들인지라 더했으면 더했지 덜하지는 않았을 것이다. 노씨의 파문은 자본가치의 극대화를 부르짖는 서구인들의 사고 찌꺼기를 흠뻑 삼킨 결과의 소치일 것이다. 돈의 유혹에 동서고금이 다를까?

사내가 사내다워지려면 도시 어떻게 살아야 할까? 윤리적·도덕적으로 가장 추한 타락의 길을 걷는 정치가로 사는 것이 사내다운 것일까? 아니면 천하의 모든 돈을 한 손에 거머쥐고 가지지 못한 자들에게 거드름을 피우며 이웃의 불행 따위엔 아랑곳하지 않는 졸부로 사는 것이 사내답게 사는 것일까? 이것도 아니면 돈과 권력에 초연한 채 텅 빈 들판을 바람처럼 터벅터벅 걷는 삶일까?

버스나 지하철을 타다보면 희한한 사내놈들도 많다. 귀걸이를 하는 녀석, 목걸이를 하는 녀석, 팔찌를 끼는 놈, 발찌를 하는 사내, 그런가하면 머리털을 옛날 숫처녀처럼 딴 사내……. 이러다가는 사내 중에도 코걸이를 하거나 인디언 추장처럼 얼굴에 페인트칠을 하는 놈도 나타날 것이다. 그뿐이랴. 모르면 몰라도 발가락에 매니큐어를 칠하는 사내, 입술에 루즈를 바르는 사내, 눈썹을 그리는 사내도 나타날 것이다. 지하철이나 버스 안에서 사내들이 아무리 꾸민들 어찌 노씨만 할까? 노씨의 경우, 대국민 사과 때 잘 보이려고 화장을 하고 나왔다지 않던가. 징그럽고 음흉한 얼굴 잘 보여 어쩌자는 것이었을까?

나는 이제껏 사내로 태어난 것에 대해 하느님께 감사했고 부모님께 감사하면서 살아왔다. 허난설헌의 3대 恨 중에 '하필이면 여자로 태어났더란 말인가.'라는 탄식과 비교해 볼 때 나는 분명 남자로 태어난 것을 무척 자랑스럽게 여기며 이제껏 잘도 살아왔다. 그러나 이 같은 나의 다행스러움은 지금에 와선 불행스러움으로 바뀌어 버렸다. 작금의 정치판에서 일고 있는 수치스런 작태의 주인공들은 한결같이 저 알량한 남자들이기 때문이다. 그래서 후르시쵸프는 "정치가란 물도 흐르지 않는 개울에 다리를 놓겠다고 약속한 자들이다."고 갈파하지 않았던가? 그러고 보면 후르시쵸프는 오늘의 한국을 훤히 예감하고 있었던 모양이다.

참새는 보리이삭이 누릿누릿 익을 때쯤 알을 깐다. 그러나 닭은 시도 때도 없이 알을 낳는다. 만약 참새가 시도 때도 가리지 않고 알을 까고 닭이 음력 4월 달에만 알을 낳는다면 닭과 참새의 위상은 바뀌었을 것이다. 참새는 쫓기는 신세에서 사랑을 받는 존재로 변했을 것이고, 우리 식단을 풍성하게 해주는 닭은 질시의 대상이 되어 쫓기는 신세로 전락했을 것이다. 참새는 참새자리에 있어야 하고 닭은 닭의 위치에 있어야 하는 내재된 자연의 질서.

억지를 부려 한술 더 먹으면 뭣하며 한 꺼풀 더 입으면 뭣하랴. 아무리 좋은 밭 만 두락이 있어도 하루에 세끼 이상은 먹지 못하는 법이고, 좋은 집 천간이라도 방에 누워 자는 자 8자 이내 등신이 아니던가. 그래서 박연암은 蔬肉同飽矣라고 〈예덕선생전〉에서 갈파했을 것이고 夏目漱石은 "돈이 많아지면 잠 잘 동안도 편안치 않을 것이다."라고 〈草沈〉에서 언급하기에 이르렀을 것이다. 어디 그뿐이랴. 우리 민요에 "나물 먹고 물 마시고 팔을 베고 누웠으니 대장부 살림살이 이만하면 넉넉하다."고 흥겹게 노래했으리라. 동서고금의 현자들은 순리대로 살기를 그렇게 외쳐대지만 우이독경의 멍청이 우리네들.

사람들은 흔히들 '그 사람 사내답다.'고 말하곤 한다. 이 세속적 평가에는 도시 어떤 뜻이 담겨져 있을까? 모르면 몰라도 여기에는 아마도 돈의 씀씀이에 통이 크고 체구가 거창하며 그래서 힘깨나 쓰게 보이고 소소한 일은 일부러 능쳐 버리는 척 큰소리치는 그런 사내를 두고 내린 평가일 것이다. 그러나 사내다움이 어찌 이 기준치이랴. 그렇다고 단풍든 담쟁이 잎이 구르는 것에 눈물짓고 조그만 사실에 감동되며 머리털에 무스를 잔뜩 바르고 손에 핸드폰을 들고 고급 승용차를 몰고 호탕한 척 웃는 자도 아닐 것이다. 출세를 위해 줄을 찾아 동분서주하는 사내는 더욱더 아닐 것이다. 그러면 사내는 어디 있을까? 진정 사내다운 사내는 차○○처럼 TV에서 찾아지는 것도 아니고 왕년의 씨름스타 이○○처럼 모래판에서 찾아지는 것도 아닐 것이고 썩어 들어가 냄새나는 얼굴을 감추기 위해 국민 앞에 화장하고 나타난 왕년의 지도자가 살았던 연희동에서도 찾아지지 않을 것이다.

옛날 희랍의 어떤 철학자는 통을 집으로 삼고 대낮에 촛불을 켜들고 사람을 찾았다더니……. 어찌 사내다운 사내가 없으랴. 수입이 변변치 않아도 자족해 하는 구릿빛 살갗의 노동자, 시들어가는 가로변 화초에 자발적으로 물을 주는 사내, 밤늦도록 연구실을 지키는 사내, 이른 새벽 거리를 깨끗이 치우는 사내, 조국의 변방에서 국토방위에 전력투구하는 사내, 지표 위를 힘겹게 기어가는 곤충을 피해 발자국을 옮기는 사내……. 미꾸라지 한 마리 강물을 흐린다지만 그래도 강물은 도도히 흐를 것이다. 그럼에도 불구하고 지금 나는 이 나라 국민임을, 사내로 태어났음을 부끄러워할 수밖엔 없다. 흐리는 자 여자가 아니고 사내임을 어이하랴.

(열린문학. 1996.)

내 학부 시절의 은사님들

나는 이 글에서 그 내용이 보편성을 지니게끔 어지간히 노력하겠지만 아무래도 내 대학시절의 개인적인 회고담이 될 수밖에 없을 것이다. 이 점 독자들의 양해를 구한다.

내 동악과의 인연은 어떻게 보면 극적인 데가 있다. 고3 수학선생님과 진학문제로 상담했을 때 당신께서 주셨던 말씀.

"동국대 국문과가 좋다."

더러의 경우 사람들은 선현이나 선배 내지 스승의 한 말씀이 그 사람의 명운을 좌우하는 결과를 가져오기도 한다.

나는 5.16 쿠데타의 부산물로 대학가에 지각변동을 일으켰던 국가고시 1회 출신이다. 지금의 수능시험이야 내신성적과 합산해서 희망대학에 맞춰 가는 것이고 또 수능시험 자체에 등락이 없는 제도이지만 그때의 국가고시는 전국대학 정원 정비령에 의해 통폐합이 이루어지면서 애당초부터 전국대학 국문과 정원을 정해놓은 뒤 그 국문과 지원자에 한해 학생을 선발하는 제도였다. 그러다 보니 대학에 들어간다는 것이 굉장히 어렵고 선택의 폭 또한 좁을 수밖에 없었다. 나 같은 시골뜨기에게(광주에서 고등학교 다님) 대학의 문은 높아만 보이는 것이었다. 그래서 들어온 동국대 국문과!

62년 3월에 입학해 보니 동기입학생들보다 나는 나이 3살이나 위였었다. 이렇게 만학이 된 이유는 고향에서 서당공부를 하다보니(이 서당공부 탓으로 나의 학창시절의 별명은 훈장으로 불리어졌다) 그렇게 된 것이었다.

지금 나는 명색이 학자의 길을 걷고 있다. 오늘의 이 길을 걷게 해준 데는 은사님들의 지도편달에 힘입음은 두말할 것도 없다. 나는 스승의 복을 많이도 누린 사람이다. 학부시절 내게 국문학의 눈을 뜨게 해 주신 선생님들은 无涯 梁柱東 선생님, 未堂 徐廷柱 선생님, 石田 李丙疇 선생님, 李東林 선생님, 枾園 金起東 선생님, 石齊 趙演鉉 선생 등이시다. 그 함자만 들어도 외경스러움에 숙연해지는 선생님들이시다. 나는 이 분들로부터 배우고 익힌 것도 많았다. 설혹 지금 다 잊어버려 기억되지 못한다손 치더라도 이 분들에게서 교수 받았던 내용들은 오늘의 내 학문 바탕에 뼈가 되고 살의 분자가 되어 차곡차곡 쌓여 있을 것이다.

无涯선생님의 井邑詞와 望夫石 강의. 선생님은 내 대학3년 시절 대학원 원장으로 봉직하고 계셨는데 당신의 호한한 저서인 '古歌硏究'를 원장실 한쪽 구석에 쌓아 놓으시고 20%를 할인해서 학생들에게 넘겨주시며 책을 구독하는 학생마다 그 책 첫 장 여백에 친필로 한마디씩 써주시는 것이었다. 당신께서 내게 써주셨던 '學要精博'. 그 당시 나는 이 성어의 참뜻을 음미할 줄을 몰랐었다. 오늘에야 겨우 깨닫게 된 깊으신 가르침. 당신께서는 바쁘신 탓으로 휴강이 잦으신 편이긴 하셨으나 이 한 마디는 수십 권의 책보다 내 학문의 길에 뚜렷한 좌우명이 되고 있다. 선생님은 학문을 하는 학구적 자세만이 아니셨다. 학자로서의 삶의 자세를 가르쳐주신 분이시기도 했다.

어느 가을날 강의 중간에 선생님께서는 이렇게 말씀하시는 것이었다.

"학자로서 평생토록 지조를 지킨다는 것은 쉬운 일이 아니다."

그때 나는 선생님의 이 말씀을 별로 대수롭지 않게 받아들였었다. 그러나 내 한국현대사를 겪어오면서 변절과 아유를 일삼는 학자나 문인들의 초라한 꼴을 보면 선생님의 탁연하고 고고하셨던 고절을 새삼 우러르게 되니……. 나는 선생님의 이 말씀을 거울삼아 선비의 길을 걸어보려고 용을 쓰고 있다.

石田선생님은 나에게 동국 국문인의 오기를 가르쳐 주신 분이시다. 당신은 별난 곳이 한두 군데가 아니어서 시험문제는 번번이 학생들의 예상을 뒤엎고 배우지도 않은 엉뚱한 문제를 출제하시기도 했는데, 내 대학 2학년시절 松江歌辭 星州跋文 번역을 출제하셔서 한두 사람을 제외하고는 모두가 재시험을 치르게끔 되었다. 시조를 외워 쓰되 반드시 16세기 표기법을 고집하셨고, 시조 수백 수를 붓글씨로 써내게 하신 뒤, 겉표지만 바꿔 내는 학생들을 골탕 먹이기 위해 드릴로 구멍을 뚫는 극성을 보이시는 분이셨다. 그 당시 선생님은 공포의 대상이었고 지긋지긋하게도 학생들을 들들 볶는 분이셨다. 당시 학생들의 반발이나 불평등 따위는 안중에도 두지 않으시고 국문학도로서 자질을 함양시켜 주시기 위해 혼신의 정성을 다하시는 것이었다. 지금 되돌아보면 당신의 그 당찬 오기와 패기는 타 대학 국문학도들과 변별키 위한 당신만의 고집이셨고 사랑이셨다. 남자의 오기, 아니 동국 국문인의 오기, 오기야 물론 양면성을 지니는 것이겠지만 그것이

긍정적으로만 발전한다면 엄청난 추진력을 지닐 수도 있다고 할 때, 선생님께서 나에게 알게 모르게 끼쳐주신 오기는 오늘의 내 육신의 피로 흘러 논문으로 저서로 전이되고 있다.

柿園선생님께서는 漢文과 고전소설을 강의하셨는데 내 4학년시절 등교 길에 선생님을 자주 뵙게 되었다. 그때마다 선생님께서는 나의 대학원 진학을 권유하시는 것이었다. 그럴 적마다 나는 선생님의 함의된 뜻도 파악하지 못하고

"선생님 고등실업자 되기 싫어요."라든지,

"선생님께서는 고전소설을 다 연구해 버리셨고, 무애 선생님께서는 향가와 여요를 다 연구해 버리셨으며, 석전 선생님께서는 杜甫를 연구해 버리셨잖아요. 저도 선생님들처럼 큰 주제를 잡아 연구하고 싶은데 할 것이 없잖아요. 그러니 대학원 진학은 그만 두겠어요."

라고 대답하거나 하면 선생님께서는 어이가 없으시다는 듯 빙그레 웃으시며

"연구할 것이 널려 있는데, 이 사람아!"

하며 한심스럽다는 듯 쳐다보곤 하셨었다. 지금 생각해 보면 이 얼마나 내 무식한 대답이었던가. 그 뒤 나는 4년의 세월이 지난 뒤에야 대학원에 입학했고 지금은 저 왕양한 학해의 한 자락을 헤쳐 보려 무진 애를 쓰고 있으니 선생님 말씀대로 보다 일찍 학해에 뛰어 들었던들 조금은 더 발전했을 텐데……. 생각할수록 가슴 저민다.

내 3학년 때던가 2학기 첫 강의에 선생님께서는 분필만 달랑 들고 강의실로 들어오시더니 東坡의 "前赤壁賦"를 끝까지 외우시

며 판서를 하시는 것이었다. 서당공부를 거친 나이기에 별다르게 신기해 보이는 것이 아니었지만 당시 동기생들은 눈이 휘둥그레지는 것이었다. 내 지금 외워 쓰려 해 봐도 절반도 채 못 가서 막히는데…. 선생님의 적벽부 전문 암송판서를 오늘의 후배들이 대한다면 더욱 놀라울 것이다.

선생님께서는 술을 즐기신 탓으로 그에 걸맞게 객기도 지니신 멋쟁이이셔서 자유당 말기 때 대취하시어 경무대(지금의 청와대) 담벽에 방뇨하시며

"이승만 나와. 이승만 나와."

라고 외치시기도 한 분이셨다. 권력에 굴하지 않는 선비의 기개.

나는 2학년 2학기 때에 '문예창작'을 수강했었는데 이 강좌를 담당하신 분은 미당 선생님이셨다. 당신께서는 첫 시간에 행동주의 작가 앙드레 말로의 문장수련공부를 소개해 주셨다. 내용인즉 말로가 고등학교시절 소설공부를 하고 싶어 국어선생님을 찾아뵙고 상담을 드렸더니 국어선생님은 말로에게 스탕달의 '적과 흑'을 베끼도록 권했다는 것이다. 그때 말로는 남의 소설을 베껴보라는 선생님의 말씀을 듣고 심한 모욕감을 느꼈지만 충실히 그 지도를 따랐다는 것이다. 작가가 되고 나서 회고해 보니 그 방법이 여간 현명한 것이 아니었다고 추억담으로 적고 있다면서 여러분도 이 방법을 택하면 분명 문장연마에 발전이 있을 거라고 학생들에게 권하시는 것이었다.

나는 선생님의 이 권유를 내 문학공부의 필수적 방법론으로 수용하고 그날부터 소설작품들을 베끼기 시작했는데, 토스토에프스키의 "죄와 벌", 김동리의 소설집 "무녀도" 등이 그 대상이었다.

내 오늘 한 줄의 문예문 창작이나 논문을 꾸릴 수 있는 역량 비축은 전적으로 이에 힘입은 바 크다 할 것이다.

石齋선생님 강의는 간단명료하기로 정평이 나있었는데 "현대문학사"의 경우 그 시간에 강의할 요목을 칠판에 일정한 간격으로 판서한 뒤, 학생들의 필기가 끝날 때를 기다려 즐기시는 담배 한 대 피우시고는 테마를 풀어 나가시는 강의수법이 간명하기 이를 데 없었다. 세련된 것일수록 단순하다고 할 때 선생님의 강의는 세련미 그것이었다.

입학동기 25명 중 과가 적성에 맞지 않아 전과하거나 재수한 동기생들도 있었지만 아마도 나의 입학동기생들은 동국대 국문과 50년사에 가장 찬란한 구성원이 아니었던가 생각된다. 왜냐하면 입학동기생 중 시인으로 등단한 자가 洪申善, 姜熙根, 文孝治, 鄭岱勳, 河德祚 등 6명이고 소설가로 등단한 자는 오늘날 최고의 명성을 드날리는 趙廷來가 있다. 이 중 나를 포함해서 3명이 대학에 재직중이다. 모교 洪起三 교수는 내 3학년 때 편입학해 졸업동기가 되었으니 나의 입학과 졸업동기 중 4명이 학자의 길을 걷고 있다. 누가 뭐라 해도 이들의 피 속에는 무애 선생님의 學要精博과 석전 선생님의 발로 하는 공부와 오기, 시원 선생님의 이조소설론의 박람과 정리, 미당 선생님의 문학공부수련의 정도로의 인도, 석재 선생님의 요점을 적출해 내는 세련성이 곤곤히 흐르고 있을 것이다. 따라서 이는 동국국문인의 전통이 되어 먼 미래로 도도히 흐를 것이다.

(동국대학교 국어국문학과 50년)

3. 편식·편견 그리고 죄악

편식·편견 그리고 죄악

원인과 결과를 가릴 것 없이 우리네의 교육현실은 편식 일변도다. 중학교육은 고등학교 입시를 위한 지식전달 위주이고 고등학교 교육은 대학입시를 위한 전력투구 교육이다. 그러다 보니 인격수양을 위하고 삶의 바람직한 실체를 규명하며 생활의 가치관을 형성시키는 데 절대적으로 필요한 사고나 사색을 삭제해 버린 게 오늘의 교육풍토이다. 온통 바람직하지 못한 이 같은 현실은 그 원인을 여러 측면에서 찾아볼 수 있으리라. 그러나 분명한 것은 끝없는 상대적 빈곤의 탈출시도에서 양출된 결과일시 분명하다. 끝날 줄 모르는 물질세계의 충족 욕구, 안락함의 극대화 추구에서 오는 이 병폐는 절제의 미덕을 바탕으로 한 삶의 가치가 자리잡지 않는 무한대로 지속되리라.

대학생활은 이 같은 교육현장의 편식의 수렁에서 벗어나는 것으로부터 시작되어야 한다. 그럼에도 불구하고 현실은 이와는 동떨어져 있는 감이 없잖다. 수렁이나 늪에의 함몰은 편향적 전진이 몰고 온 결과다. 보다 깊이 사색하고 사고를 다변화한다면 처음부터 비극은 멀리할 수 있다. 그러므로 편식은 편견을 몰고 오고 편견은 죄악의 시발이 되는 것이다.

어떻게 생각하면 인간은 편견의 희생자들이랄 수 있다. 자기가 어려서 맛보았던 고향음식 맛은 이 나라 국적을 버리고 지구의 반대편에서 삶을 누리면서도 잊지 못한다. 그들은 조국의 김치 맛을 끝내 잊지 못하고 연연해하고 이 경지가 심해지면 김치소갈병에 걸리고 마는 것이 아닌가.

어디 맛의 세계만이랴. 청소년시절 선생님께 들은 감동적 말씀은 한 개체의 전반적 생의 지침이 되어 요지부동의 위치를 점하게 되기도 한다. 이 같은 지식의 편견은 그 당사자에게 다각적이고 방대한 지식과 보다 더 우수한 말씀이 그의 사고체계를 바꾸어 놓기 전까지는 지속되게 마련이고 평생 동안 그런 계기를 맞는 기회가 상실되었을 때는 끝내 이를 여의지 못하고 지상을 하직하게 되니 이 또한 맛의 편견과 하등 다를 것이 없다. 그러니 우리 모두가 편견의 소유자이고 희생자이며 나아가서는 편견에서 오는 죄악의 씨앗을 도처에 뿌리고 사는 죄인이랄 수 있다. 그런데 이 같은 편견은 지성인일수록 더욱 심한 것 같다. 많이 배웠으니 보다 전향적일 것 같은데 그렇지 못함은 독서나 지식전달자 내지 수용자들의 편식에서 오는 것이리라.

흔히들 대학생활은 낭만적이라고 한다. 물론 중·고등학교 시절에 비교하면 엄청난 낭만이 있을 수 있다. 그런데 내가 대하는 대부분의 대학생들은 이 낭만을 무절제한 행동반경의 확장으로만 편향적 해석을 내리는 것 같아 안타깝다. 그러나 우리가 말하는 대학의 진정한 낭만은 편식을 거부하는 지적세계의 끝없는 섭렵이 아닐까? 두 말할 것도 없이 정신적 세계의 편식의 불식은 한없이 넓은 지적 공간의 유영에서 오는 법이다. 이것이야말로 참된 낭만의 본령이다. 그러므로 광활한 지성세계가 뒷받침되지 않는 행위만의 낭만은 어설픈 춤사위와 다를 것이 없다.

생은 리듬감각이 조화를 이루어야 아름다운 것이다. 리듬감각은 상대적이다. 강이 있으면 약이 있고, 鋭가 있으면 鈍이 있으며, 苦가 있으면 樂이 있다. 이 중 어느 한 쪽에 치중하거나 편견을 일삼으면 편견이 재래하기 십상이고 편견은 상대를 인정하지 않으니 죄악으로 발전하게 된다. 그러므로 생의 리듬감각은 건전한 균형감각인 것이다. 대학생활의 참된 매력과 낭만은 삶의 리듬감각인지 바로 그것이다.

요사이 신문이나 잡지를 볼 것 같으면 극단적 표현이 자주 눈에 띈다. 좌경화니 극우론이니 체제전복이니 도시 오한마저 느끼게 하는 이 말들은 극단적 편견이 몰고 온 그 이상 아무 것도 아니다. 만약에 이런 주장들을 늘어놓는 주체자들이 사상이나 지식들을 처음부터 편식하지 않았던들 이처럼 상대를 깡그리 인정하지 않는 언어의 유희나 행동을 하지 않으리라. 따라서 죄악의 세계에서 멀어졌으리라.

나는 최근에 편견을 극소화시키려고 무진 애를 쓰고 있다. 그런데도 맛의 편견, 사고의 편견에서 벗어나지 못하고 있어 짜증스럽고 안타깝다. 그래서 나름대로 정리한 것이 상대방의 인정이다. 인정은 양립의 공존을 뜻한다. 공존은 아낌이고 이 아낌은 애정이다. 애정의 궁극적 도달점은 모든 생명체에 대한 생명외경감이다. 따라서 생명경시는 편견이 빚은 자기합리화인 것이다.

(리쿠르트. 1989. 4월호)

五去之惡

“좋은 사람 만나면 나눠주고 싶어요. 껌이라면 ○○껌.”

라디오나 TV를 켜자마자 들려오는 CM송. 허나 나는 그 흔해빠진 좋은 사람도 없어서인가 별로 껌을 씹지 않는 사람 중의 하나다. 어쩌다 입안이 껄쭉껄쭉하고 고약스런 냄새라도 풍길라치면 물 양치질을 할망정 악취제거상 필요하다는 껌을 멀리해오고 있다. 멀리하는 데만 그치지 않는다. 버스 안에서나 사람이 모이는 장소에서 쩝쩝, 짝짝, 쭉쭉, 찍찍 소리를 내며 껌을 씹는 사람을 보면 그 대상이 젊은이건 아리따운 아가씨건 말쑥한 신사(이런 경우 도저히 신사의 금도가 없는 자들이지만)건 간에 눈을 흘겨대고 최악의 경우 살기가 등등하게 노려보기까지 한다.

이런 나의 못마땅한 눈초리에 주눅이 들어 씹는 소리를 뚝 그쳐주는 고마운 사람도 있지만 대부분의 경우 나의 처절한 행동도 아랑곳없이 높여 가는 볼륨은 그만 나를 극도의 자제선까지 몰고 가곤 한다.

몇 년 전이던가 나는 강의를 하다말고 기어코 분통을 터뜨리고 말았으니

“이봐 김○○, 자네가 소새끼 후예인가? 뭘 그렇게 씹어대는 게야. 채신머리 없이 꼭 그렇게 소리내어 껌을 씹고 싶거들랑 빵

집이나 극장으로 가라구, 엉!”

이렇게 닦아세운 덕분에 껌 씹는 소리가 뚝 그치기는 했지만, 지금 생각하면 조금 미안한 생각이 없는 것은 아니었다. 학력고사라는 두꺼운 장벽과 충실한 가정 교육을 받은 대학생에게 ‘소새끼 후예인가?’라고 일갈대성했으니 말이다. 이처럼 나는 껌을 씹는 사람을 극도로 증오한다. 이런 나의 헝클어진 껌에 대한 인상은 삼각지 모여고에 재직하고 있을 때부터인 것 같다. 기지촌 주변의 여학교여서인지 유별나게도 휘파람을 홱홱 불어대며 질겅질겅 씹어대던 이방인들의 그 폼은 백면서생인 내게 극도의 혐오감을 불러일으켰고 그것이 오늘날 내 생리의 일부가 된 것이다.

더욱이 구제불능의 인간들에게서 이런 음향을 들은 경우 그런대로 내 사고의 체념을 쉽게 가져오게 하지만 그 청청한 앞날을 기약하는 젊은이들에서 이런 좀먹는 소리를 들으면 왠지 모르게 자꾸 한숨과 눈물 같은 것이 뒤범벅이 되어 장탄식으로 변하곤 한다.

1950년 6·25사변과 더불어 이 땅에 몰아닥친 껌. 그러니 우리네의 껌의 역사는 유엔군의 상륙과 함께 이 땅에 슬며시 상륙한 것이다. 레숀 박스 안에 들어 있던 한 통의 껌. 이것이 내가 처음 대했던 껌과의 첫 상면이었다.

불과 30년의 역사밖에 되지 않는 이 괴물님은 이 나라 구석구석을 누비고 서울 운동장 스탠드를 메우는가 하면 등하교의 학생들의 모든 입을 어느새 점령해 버렸으며 머지않아 도서관까지 점령할 모양이니 두렵기까지 하다. 누군가 말하지 않았던가, 나쁜 것은 빨리 잘도 배운다고.

달면 삼키고 쓰면 뱉어 버리는 것이 이 요물이 지닌 속성이거니와 이는 현대인의 생리와 아주 딱 맞아 떨어지니. 필시 우리네처럼 아무데서나 아무 때나 가리지 않고 무심코 씹어대는 습관이 백의의 순박한 성격에 부지불식간에 작용해 오늘날 일상으로 만나는 현대인들의 사고의 천박성과 행동의 천박 내지 획일성을 만들어 버렸다고 한다면 나의 지나친 억설일까.

우리 조상님들은 꼭 달지 않고 쓴 것이라도 꾹꾹 참고 삼키는 무던함이 있었는데 오늘날 젊은이들에게는 무던함은 고사하고 극단적 이기에다 매몰차게 영악스러우니……

"헛세 헛세, 껌 귀신아, 물러가 다오, 해서 이 땅에 천박과 획일과 이기가 자리잡지 못하게 해 다오."

생각해 보라. 그럴 수 없이 말쑥하게 차려 입고 수려한 이목구비와 우윳빛 살결을 지닌 여인이라 할지라도 입을 있는 대로 벌려 껌을 쩝쩝 씹어대는 청각공해를 몰고 왔을 때, 우리의 모처럼의 청량제와 같은 즐거움은 실망과 연민으로 변하고 말 것이 아닌가.

어찌 껌이 몰고 오는 것이 사고의 천박과 威儀 손상, 청각공해에만 국한된 것이랴. 시각공해는 말할 것도 없고 五福의 하나인 치아의 손상도 가져온다는 전문가의 말도 귀담아 들어야 할 것이다.

그러나 뭐니뭐니해도 경계해야 할 것은 껌만이 가져오는 인격 형성의 천박성과 획일성이리라.

(동대학보. 1984. 3. 31.)

신호등

나는 하루에도 몇 차례씩 신호등이 설치된 건널목을 건너곤 한다. 그런데 신호등 앞을 지날 때마다 섬뜩한 생명유희의 공포감을 떨쳐 버리지 못한다. 이는 때때로 신호를 무시한 채 질주를 일삼는 난폭 차량 때문이다. 이런 폭력적인 차량을 만날 때마다 살인자가 내 목에 비수를 들이대는 느낌이다. 해서 나는 폭력적으로 질주하는 차량을 볼 때마다 그 차량을 향해 용서 없는 칼날의 눈초리를 보내기도 하고 'X자식' 하는 욕설을 퍼붓기도 한다(입 속으로만). 요사이 나는 이런 경우를 피해 볼 양으로 파란 신호등이 확실히 켜진 뒤 몇 초간을 서서 기다렸다가 건너가곤 하지만 자기의 죽음을 재촉하며 남의 생명까지 앗아가는 폭력 차량은 여전한 것 같다.

어느 날 나는 내 사는 동네 앞 신호등을 조금이라도 빨리 건널 양으로 깜박거리는 파란 불빛만 보고 반질주하다시피 걸음을 재촉하고 있었다. 내 보행실력 정도라면 그 신호에 그 건널목을 건너기에 충분한 시간적 여유가 있었다. 그런데 순간적으로 야릇한 생각이 떠오르는 것이었다.

'인생은 어차피 70세를 전후해서 죽어가기 마련인데 지금 저 신호에 건너가나 다음 파란 불이 켜질 때를 기다렸다 건너가나 우리가 피할 수 없이 지닌 한계상황에 무슨 변화가 있단 말인가? 그럴 바에 꼴사납지 않게 다음 신호를 기다리기로 하자.'

모두가 아는 바와 같이 신호등의 불빛은 진행형 중단형 유예형이랄 수 있다. 파란 불빛이 영달 진행형이라면 빨간 불빛은 좌절 내지 절망형의 빛이다. 그런데 그 중간에 희망과 절망의 지렛목 역할을 하는 황색 불빛이 있다. 이 황색 불빛은 天井不知의 치솟음에 경고를 발하기도 하고 다음에 닥쳐오는 절망의 늪을 예고하기도 한다. 경고와 예고의 동시 기능을 지닌 노란색 불빛, 나는 이 노란색 불빛을 쳐다볼 때마다 김시습이 읊었던 浿江曲의 시구가 연상되곤 한다.

"세상사 조용히 생각해보니 환락과 비상이 반반이로다"

황색 불빛은 그의 시구에서 열거격 조사 '~와(과)'에 해당되는 불빛이다. 파란 불빛이 무한대의 자유를 구가하는 청춘의 빛이라면 빨간 불빛은 그것이 주는 피폐와 오점을 거부하면서 체제의 안주를 강요하는 기성세대의 불빛이랄 수 있다. 나는 절제가 배재된 파란 불빛은 방종을 재래시킬까 두렵고 강요와 억압 일면도인 적색 불빛도 싫다. 황색 불빛이야 이것도 저것도 아닌 어정쩡한 불빛이지만 양극단을 포용하는 불빛이 아닌가? 銳氣를 한 솥에 넣고 희석시킬 수 있는 불빛. 그러면서도 어느 한 쪽으로의 편향을 용납지 않는 불빛. 그래서 나는 황색 신호등을 좋아하는지 모르겠다. 莊子가 山木篇에서 편 지론이 요령주의로 매도될 수 있겠으나 그것이 난세를 이겨내는 보신책이라면 그의 논리에

찬동할 수밖에 없지 않을까? 뭐니뭐니 해도 우리의 삶의 현장에서 지고의 가치는 자유스러움과 生 그것 외에 또 무엇이 있겠는가?

(동대학보. 1988. 5.2.)

가을에 이는 상념의 파편

흔히들 봄의 계절감은 여인네들의 화사한 옷차림에서 찾아진다고 하지만, 아무래도 가을의 느낌은 여인네들의 옷치장과는 동떨어진 것 같다. 봄처녀들의 그 옷 색감은 주변의 다양한 자연색상에 민감하게 그리고 걸맞게 치장해 조화를 이루는 것과는 달리 가을여인네들은 그네들의 옷 색감을 자연이 주는 색조와 일치시키지 않는 것 같다. 이는 아마도 가을여인들이 가을이 주는 계절적 색감인 눈부신 진홍색과 오만하고 거만스러운 노란 색조의 현란함과 눈부심을 피하는 탓일 게다.

생각해 보라. 빨간 색감이 풍기는 그 뜨거운 정열, 노란색이 주는 오똑한 오만. 여기서 버틸 자 몇이나 될 것인가. 우리가 흔히 대하는 칙칙한 암갈색의 떡갈나무 낙엽은 우리를 끝없이 허망케 하고 어둡게 하는데, 그럼에도 불구하고 만약 여인네들이 이 색감에 맞추어 옷치장을 한다면, 그네들은 우리를 어김없이 어둡게 하고 절망케 할 것이다.

도연명은 자꾸만 성글성글해져가는 오동나무 잎새에서 가을의 소식을 접하곤 했다지만 나의 가을 메시지는 지겹고 무겁던 긴 여름날, 그 후텁지근한 더위를 이겨볼 양으로 마음껏 열어 놓았던 창문으로 살며시 넘어온 상큼한 새벽바람에서 받곤 한다. 이

때쯤이면 나는 버릇처럼 대문 밖 축대를 발발이 기어오른 담쟁이에 눈을 붓쏟곤 한다. 여름동안 그 푸르고 무성한 담쟁이는 가을이 깊어갈수록 잎새 사이가 멀어지면서 점점 암갈색으로 변해간다. 나는 그럴 때마다 담쟁이 잎의 조락과 색감의 변화에 내 생명 연한을 오버랩시켜 본다. 일년에 한 번씩 어김없이 찾아오는 가을 그리고 단풍. 십 년이면 열 번의 단풍이 질 것이고 20년이면 스무 번의 단풍이 들고 지리라. 내 이생에서의 생명도 열 번 스무 번… 담쟁이 단풍의 확인으로 끝날 것이다. 그리고 내 또한 담쟁이 낙엽처럼 어느 가을바람에 정처 없이 날려갈 것 아닌가. 낙엽. 우린 언젠가는 낙엽일 게다. 삭연한 가을바람에 정처 없이 구르는 낙엽이 될 것이다.

나는 지금 서울에서의 가을을 이런 식으로 맞곤 하지만 어릴 적 나의 가을맞이는 내 집 앞 방천둑에 자생하던 노란 야생국화 향내를 맡으면서 맞이하곤 했다. 그 쌉쌀하면서도 매캐하게 코를 찌르던 국화 향. 냇가 둑길에 오르면 아스라이 펼쳐진 넓은 들. 가을이면 누렇게 변한 들판을 배경으로 푸르다 못해 빨려들 것 같던 하늘. 나는 이런 하늘과 야생 국화 내음에 마냥 취해 멍청히 먼 산 바라기가 되기가 일쑤였다.

초가을이 어느덧 지나고 나면 그 들판은 가을걷이로 부산해지고 여름내 뜰을 지켜온 감나무엔 주저리주저리 열린 감들이 노란색에서 진홍색으로 변해간다. 초겨울이 가까워지면서 잎이 다 져버린 고목감나무에 닥지닥지 열린 감은 가까이서 보면 탐스럽고 동구 밖 멀리서 보면 홍옥이 주렁주렁 매달린 것 같기도 했다. 초겨울 들판에 석양이 들면 어린 나는 아버님 뒤를 따라 지친 몸으로 집으로 돌아오곤 했는데 그 때마다 동구 밖에서 집 쪽을 바라보노라면 눈부시게 빨간 감들이 눈에 가득히 들어왔다. 멀리서 바라본 그 감나무의 황홀함. 바라만 보아도 풍요롭고 기쁨을 안겨주던 홍시.

지금도 나는 어느 시골 여행길에 빨간 감이 매달린 감나무를 보게 되면 어릴 적 추억이 되살아나면서 문득문득 고향생각에 젖곤 한다. 해서 나는 감나무를 사향수(思鄕樹)라고 부르고 있다.

(신성사보. 1990. 11월호)

빵덕어멈 같으니라고

故 李來秀박사와 나의 최초의 만남은 70년 나의 대학원 입학으로부터 비롯되었다. 그 당시 그는 나보다 일년 먼저 입학해 학문연찬에 정열을 쏟고 있었다. 그러니 그와의 만남은 학연으로 시작된 셈이다.

나는 그 옛날 전장에서 위용이 당당하고 위풍을 떨치던 장수들을 만나본 적이 없다. 그러나 역사소설 속에 그려진 장수들의 모습은 한결같이 기골이 장대하고 위풍이 당당한 것으로 묘사되어 있다. 그런데 그는 그런 장군들의 모습 바로 그것이었다. 훤칠한 키와 우람한 체구, 그가 만약 삼국시대의 인물이었다면 계백장군과 동렬에 섰을 것이다. 그의 타원형에 가까운 얼굴생김 또한 일품이었다. 남자로 태어났으니 망정이지 그가 만약 여인이었다면 전형적인 한국형 미녀상이었을 것이다. 어찌 체구나 얼굴뿐이랴. 덩그렇고 오뚝한 콧날 또한 준수 그것이었다. 나도 남 앞에 나서서 위축된다고 생각되지 않는 체모건만 그의 앞에서 내 모습은 초라할 수밖에 없었다. 그 당시 석사과정 졸업 동기생들은 그를 포함해서 제주대 양순필 교수, 강원대 강동엽 교수, 모두들 육척거구들이었다. 왜소한 쪽은 동국대 한용환 교수뿐이었다. 어쩌다 동기생들이 만나 종로통을 걷거나 명륜동(연민 이가원 선생님께 한문수학을 위해 매주 한번씩 만남) 거리를 함께 지나게 되면 노폭이 좁아 보였다.

80년도에 들어서면서도 그와 나의 교분은 끈적끈적하게 지속되었고 일주일이 멀다고 만나는 처지가 되었다. 5공 시절, 그 암울한 시기에 그와 나 그리고 조상기 교수(현 동덕여대 인문대 학장), 이렇게 셋이서 청진동 서울호텔 커피숍에서 그 암울한 시대의 아픔을 내출혈하고 있었다. 그 날 따라 TV에서는 김 모 씨의 내란음모사건에 대한 합수부의 특별발표가 중계되고 있었다. 무서운 시대였다. 유비통신이 난무하고 하찮은 자기 견해도 함부로 발설하지 못하고 좌고우면하던 그런 암울시기였다. 이처럼 서슬이 시퍼런 판국에, 그 발표내용을 시청하던 그가 갑자기 "썩을 놈들! 모두가 거짓말이야! 거짓말!" 하고 일갈대성을 터뜨린 것이다. 동시에 찻집의 모든 사람들이 놀랜 것은 말할 것도 없고 나와 조교수는 여간 당황하지 않았었다. 그는 학부시절 철학을 전공한 철학도였다. 따라서 나는 그의 일갈대성이 단지 철학도다운 뼈대의 소산이라고만 치부해 버렸었다. 그러나 차츰 세월이 흘러 흑백이 선연히 드러난 오늘날, 그의 통매는 평론가의 예리한 안목의 예단이었던 것이다. 그처럼 그는 사건의 핵심을 날카롭게 꿰뚫어 보는 안목을 지니고 있었던 것이다.

나는 담배를 피우지 않는다. 해서 담배 피우는 자들을 미워도 하고 구박도 한다. 그러나 권련 까치나 파이프를 폼나게 꼬나문 모습을 볼 때는 나도 한번 흉내내 보았으면 하는 적이 한두 번이 아니었다. 영화 나바론 마지막 씬에서 그레고리펙의 선상에서의 흡연 모습은 두고두고 잊지를 못한다. 그가 비록 이같이 폼나는 흡연 장면을 내게 보여준 것은 아니지만 그는 나에게 그에 못지 않은 흡연 모습을 보여주곤 했었다. 그와 나 사이에 어쩌다 심각한 이야기가 전개되면 그는 예외 없이 담배를 꼬나무는데 그 도가 더해 갈수록 그는 둘째와 셋째 손가락 끝에 담배까치를 낀 뒤 필터 부위를 될 수 있으면 입 오른쪽 부위에 고정시키고 콧구멍이 발씬발씬 양볼이 오목오목해지도록 연기를 빨아들이기도 하고 필터 부위를 질근질근 씹어대는 것이었다. 그의 이 같은 흡연 모습만 보고도 그의 생각의 심각성 여부를 감지할 수 있었다. 두 손가락 끝 사이에 간신히 걸쳐 있는 담배까치, 오른쪽 입 언저리 떨어질 듯 말 듯 얹혀 있는 담배까치, 그리고 질겅질겅 씹다가 빨다가 내뱉는 흡연 모습. 이 모두는 나를 매료시켰고 따라서 그에게서만 만나볼 수 있는 흡연 모습이었다. 나는 이제껏 그처럼 폼나게 피우는 흡연자들의 모습을 만나본 적이 없다.

80년대 초반 내가 청주대학교에 적을 두고 있을 때였다. 그는 어느 날 갑자기 전화를 걸어 각설하고 만나자는 것이었다. 일방적이었다. 사연인 즉, 한국 林政연구회 창립 10주년사의 제호를 쓰라는 것이다. 내 글씨 정도로 되겠느냐고 극구 사양했으나 그는 막무가내였다. 교수직함만으로도 충분하다는 것이었다. 해서 그 제호는 씌어졌고 그 대가로 받은 거금은 그와 나의 행복한 하루를 마련해 주는 데 충분했다. 그날 우리는 방석집엘 들러 휘청거릴 수 있었고 울적한 스트레스 등을 말끔히 씻어낼 수 있었다. 그날 그는 내게 풍류스런 用錢의 기법을 가르쳐 준 것이다. 따라서 그는 내게 최초로 돈을 받고 글씨를 쓰게 한 장본인이었다. 망할 것 같으니라구!

그가 이승을 하직하던 그해. 나는 그의 서울로의 전근을 돕기 위해 혼신의 정을 다했었다. 누구를 위해 내 평생에 그렇게 정력을 쏟은 적이 없다. 나는 그의 전근을 위해 사방팔방으로 뛰어야 했고 수많은 요로의 사람들을 만났고 손을 써보았다. 그러나 나의 이런 노력은 수포로 돌아갔고 그의 전근 또한 좌절되고 말았다. 그의 좌절은 곧 나의 좌절이었다. 나는 그 때 철저한 인간 배반을 배워야 했고 조직 내에서의 역학구조를 감지하면서 친구의 의미를 곱씹어 볼 수 있었다. 내 개체의 힘의 한계를 인정하면서. 생각해 보면 그의 전근 꿈의 좌절이 그의 병세를 약화시켰으면 시켰지 호전되게는 하지 못했을 것이다. 한스럽다.

내 언젠가 저승에서 그를 만나게 될 것이다. 그러면 그는 여느 때처럼 내게 이렇게 가벼운 쌍소리부터 퍼부어 댈 것이다.

"썩을 것! 빽덕어멈 같으니라고!"

그가 타인에게 할 수 있는 욕지거리는 이것이 전부였다. 그는 반가우면 한다는 소리가 고작 이것이었다.

"망할 것 같으니라고!"

(『고향집 뒷산 솔바람소리』. 고 이내수 박사 기념문집. 1992.)

또 하나의 편견

나의 역사학에의 이해수준은 거의 백치라 해도 과언이 아니다. 기껏해야 왕세기 정도를 이해하는 어렴풋한 지식수준을 밑돈다. 이는 나의 부끄러운 치부다. 더욱이 고전문학 전공자로서 말이다.

이처럼 저급한 이해의 수준이고 보니 역사 전개의 법칙이나 주체를 파악하지 못함은 당연하다고나 할까. 그래서 내 40대 중반까지만 해도 역사전개의 주체는 군왕 중심이거나 위대한 영웅중심사이거나 대중(민중)이나 대량주의 중심으로 전개되는 거라고 생각했었다. 그러나 지금 생각해 보면 이런 나의 생각들은 미시적 안목에서 비롯된 결론이었고 거시적 안목에서 보면 역사의 전개 주체는 대중도 군왕도 영웅도 아닌 것이다.

인간의 모든 생존 행동양식은 '먹거리' 획득에 관련되어 있다. 그래서 인간들은 이를 보다 효율적이고 다량적이며 안전하게 획득하기에 혈안이 되어 있다. 그래서 인간들은 이를 위해 합당한 논리체계를 모색하게 되었으니 이름하여 통치이데올로기인 것이다. 이렇게 유추해 볼 때 역사는 벌써 통치사상의 전개나 구현양상이랄 수 있다.

1943년에 서거한 콜링우드(R. G. Collingwood)는 '모든 역사는 사상사'(All history is history of thought)라고 갈파하지 않았던가.

그렇다. 역사는 사상사다. 동양 3국을 다 들춰낼 것도 없이 우리나라 역사의 전개도 이 범주에서 한 발짝도 벗어나지 못한다. 삼국시대, 통일신라시대, 고려까지 우리네 선인들의 사상을 지배해 온 불교는 천 여 년 동안 지도이념으로서의 역할을 유루함이 없이 수행해 왔던 것이다. 조선조 건국과 더불어 지배이념으로 등장한 성리학은 5백 여 년의 단단한 뿌리를 내렸던 것이다.

어느 왕조를 막론하고 이 같은 지도 내지 지배이념은 그들 나름대로 모든 분야에 깊숙이 작용되면서 그 족적을 유산으로 남겨 오늘날까지 유전시켜 주고 있다. 다시 말해 당시에 전개되었거나 발전했던 모든 분야의 문화는 당시 지배이데올로기의 이념을 미화시키고 수식시켰던 산물 바로 그것인 것이다. 그러니 오늘날 우리가 접하는 골동문화는 당시대 통치이데올로기의 표피적 구상화가 아니고 무엇이겠는가.

오늘날 세계를 지배하는 두 이데올로기도 따지고 보면 '먹거리' 획득방법 그 이상도 이하도 아닌 것이다. 그러니 이 두 이데올로기의 차이는 '먹거리' 획득을 개체욕망의 극대화에 둘 것이냐 아니면 대중분배의 균등화에 둘 것이냐의 방법상의 차이일 뿐인 것이다. 그러므로 방법상의 차이는 있어도 '먹거리' 획득이라는 목표점에는 하등 차이가 없는 것이다.

현시점에서 보면 지구촌 양 블록의 갈등은 당분간 동구공산주의의 몰락과 더불어 해소된 듯 보인다. 이는 개체욕망을 충족시켜줌에 있어 자본주의가 보다 우월한 방법이라는 것을 교시해 준 셈이다. 그도 그럴 것이 인간은 욕망이라는 전차에 누구나 편승되어 있기 때문이다.

모든 사람들은 서양사를 이해하려면 성경을 알아야 한다고 한다. 이는 서양사의 전개는 성경에 담겨진 이데올로기를 바탕으로 해서 전개되었다는 것을 뜻한다.

그러면 동양사를 이해하려면 어찌해야 할까? 물론 유·불·도를 이해해야 할 것이다. 특히 도교철학의 접근은 중요하다. 왜냐하면 동양 3국의 모든 문화유산은 도교철학(노장철학)에 깊숙이 침윤되어 있다. 멀리 갈 것도 없이 최근에 발견된 백제시대의 희한한 유물인 향로 또한 도교이념의 구현상으로 볼 수 있기 때문이다.

요사이 심심찮게 거론되는 X 세대론. 따지고 보면 그들이 추구하는 최종목표는 개체욕망의 극대화인 것이고 그 이면에는 자본주의라는 지배이데올로기가 바탕에 깔려 있다. 그들이 추구하는 개인주의나 기성세대에의 부정의식, 그들만의 패션문화, 그리고 성의 스스럼없는 개방도 따지고 보면 개체욕망의 극대화 추구 외에 그 아무 것도 아니다. 그러니 그들이 사회의 변혁을 리드하고 기업의 매출을 좌우하는 것이 아니다. 여러 백년 동안 우리보다 앞서간 기성세대가 창출해 놓은 이데올로기의 포로상태에서 자본주의의 이데올로기를 구현시키는 변이된 모습을 보여주는 것이다. 역사의 전개를 리드하는 사상이여! 자본주의여, 공산주의여, 대량주의여, 주의여, 이즘이여, 인간들이 만들어 놓은 굴레여!

(동대학보. 제209호. 1994.)

4월 생명의 외경을 새기며

우리 속담에 "지렁이도 밟으면 꿈틀거린다"는 말이 있다. 이 말은 흔히들 약자라도 최악의 상황에 처하면 강자에게 덤벼들 수 있다는, 자기 비하적 뜻으로 사용되고 있다. 그러나 이를 다시 곱씹어보면 아무리 연약한 생명체라 하더라도 그 개체가 자기 생명을 빼앗기는 위기에 봉착하게 되면 그 생명체는 혼신의 힘을 기울여 자기 생명보존의 필사적 방어를 하기 마련이라는 뜻도 함축되어 있다.

어찌 지렁이만이랴. 여름 한철 우리를 지독하게도 괴롭히는 모기도 자신의 생명부지를 위해 죽기를 각오하고 사람에게 덤벼들지 않던가. 해서 엄마모기는 먹거리사냥 외출을 떠나면서 늘 유언을 한다고 한다.

"애들아 오늘 나 나갔다가 인자한 사람 만나면 살아 돌아올 것이고 잔인 박행한 사람 만나면 너희들 못 볼 테니 그리 알아라."

사람의 피를 빨러 새끼들을 뒤로 하고 집을 나서면서 던지는 이 유언 같은 말은 사람 쪽에서 보면 죽음을 각오하고 덤비는 얄미운 꼴이요 모기 쪽에서 보면 자기 생명을 부지하기 위한 불가피한 행위일 것이다. 살기 위해서 거는 생명도박. 이 경우 어느 쪽이 본질적인지 분간키 어렵지만 분명한 것은 살아남기 위한 생명 곡예가 아니겠는가.

나는 금세기 성자로 슈바이처 박사를 꼽는 데 주저하지 않는다. 아프리카의 미개와 혹독한 자연환경 하에서도 자기를 내던져 이룩한 숭엄한 휴머니즘은 20세기의 찬연한 빛이 되기에 충분하다고 보기 때문이다. 그는 일찍이 다음과 같이 갈파한 바 있다.

"아무리 위대한 이즘이나 철학 내지 이상구현의 정치라 하더라도 그것을 빙자한 생명의 빼앗음은 죄악이다."

생명외경이 밴 이 말씀은 삭막한 인간에게 보낸 단비임에 틀림없다. 내가 그를 성자로 치부하는 데 주저하지 않는 것도 바로 이 인간애와 생명중시의 숭고함 때문이다.

그렇다. 산다는 것, 그것만큼 소중한 것이 어디 있으랴. 물론 삶에도 가치관이 개입되면 문제는 달라질 수도 있다.

몇 해 전 나는 우리 대학에서 연례행사로 치러지는 하계 학습답사 지도교수로서 안면도를 다녀온 적이 있다. 이 섬 끝자락에 영목이라는 항구가 있다. 그런데 영목은 항구라고는 할 수 없고 포구라고 하는 것이 알맞을 것이다. 이 포구에서는 대천으로 떠나는 연락선이 길손을 나르기도 하고 어선들이 회항하기도 한다. 어선들은 이곳에 닻을 내리고 그날 잡아온 해산물을 현장에서 팔기도 한다. 도다리, 농어, 낙지, 게, 바닷장어 등등. 비록 규모는 작지만 그런 대로 다양한 편이다. 해서 이곳 부둣가에는 몇 군데 활어횟집이 산재되어 있고 포구 앞은 조그마한 섬들로 막혀 있어 드넓은 바다를 볼 수야 없지만 상큼한 바닷바람과 어선후미를 한가로이 좇는 갈매기 떼를 바라보는 운치가 길손의 흥취를 돋우기도 한다.

그날 나는 동료 교수들과 함께 도다리회로 한 잔의 맥주를 나눌 양으로 바다가 한눈에 들어오는 곳에 자리잡았었다. 언제 보아도 싫증나지 않는 갈매기의 유연한 비상에 한눈을 팔기도 하고 어부들의 억센 삶이 배어 있는 싱그러운 외침을 음악처럼 즐기며 그냥 그 분위기에 취해 있었다. 마침 주방장은 우리 일행에게 싱싱한 활어회를 제공해 줄 양으로 그물 망태기를 들고 수족관으로 다가가고 있었다. 그런데 이게 어찌된 일인가. 주방장의 그물 망태기가 수족관에 채 들어가기도 전에 수족관의 모든 고기들이 눈 깜짝할 사이에 양편으로 흩어지더니 수족관 네 귀퉁이에 머리를 필사적으로 처박는 것이 아닌가. 가능한 한 머리 부분을 모서리 쪽으로 향하고 꼬리는 위로 향한 채 온몸의 지느러미를 힘껏 움직이며 모서리로 모서리로 돌며 필사의 탈출을 시도하는 것이었다. 농어건 우럭이건 그 동작들이 한결같으니 이를 두고 생명본향의 질서라고나 할까. 저 처연함을 넘어 숭엄한 생명보전의 모습.

사면이 꽉 막힌 수족관 안에서 제 아무리 몸부림쳐보았자 그곳을 한 치도 벗어나지 못할 상황인데도 저리 쳐대는 몸부림. 설령 당장은 건져짐을 피했다손 치더라도 어차피 죽게 되고 말 존재들.

수족관 고기들은 생리적으로 그들에게 닥쳐오는 사자의 그림자를 인지하고 그렇게 발버둥치고 있는 것일 게다. 고기들은 그물망태기에 걸려들기만 하면 금방 시멘트 바닥에 패대기쳐지고 나무망치로 머리가 짓이겨지면서 날카로운 회칼이 등줄기를 타고 내려 살코기와 뼈가 양분되는 참혹한 죽음을 인지하고 있어서일까.

고기들은 사자의 그림자를 냄새로 맡았을까, 소리로 들었을까, 눈으로 보았을까, 어떻게 수족관의 도다리, 우럭, 농어, 뱀장어는 그렇게도 분명하게 알고 있었을까? 생물학자들은 이를 두고 동물적 본능이라고 할 것이다. 톡 쏘는 겨자 양념에 싱싱한 활어 횟점은 우리네 인간 삶에 분명 활력소가 될 수도 있다. 우리네 정치도 우정도 사랑도 사업도 이와 함께 출발되고 종결될 수 있을 것이다. 그러나 수족관 고기들의 처절한 삶의 몸부림을 현장에서 목도한다면 우리의 저 유쾌함은, 상큼한 회 맛은 쓰디쓴 소태맛으로 변할 수도 있으리라.

장자는 매미의 생명과 인간의 삶이 다를 바 없고 매미의 죽음과 인간의 죽음이 동일하다고 설파했다. 장자도 나처럼 회를 즐기다가 내가 영목에서 본 광경을 목도했을지도 모르겠다. 4월이다. 생명의 의미를 되새겨야 할 계절이다.

(문화공간. 1996. 4.)

수무집전(手無執錢)

영·정 시대 실학의 태두였고 대문호였던 연암 박지원은 그의 대표적 소설인 양반전에서 양반이 지녀야 할 위의(威儀)의 덕목으로 手無執錢(수무집전)을 들었다. 돈만이 삶의 전부인 줄 알았던 소설의 주인공 정선골 졸부에게 이 덕목은 청천벽력과 같은 것이었으리라. '잘 먹고 죽은 귀신은 때깔도 곱다'는 말씀을 신주처럼 떠받들고 살아온 졸부에게 이 얼마나 황당한 말이었겠는가. 아마도 이 말을 듣는 순간 졸부의 심장은 두 근 반 세 근 반의 경지를 넘어 뚝 멎기 직전에 이르렀을 것이다.

나는 선친의 덕분에 시골에서 정통 서당공부를 할 수 있었다. 이 때 이수했던 교과 과정 때문에 명색이 국문학자로서 오늘을 살아가는데 겨우겨우 버텨내고 있다. 내게 왕양한 한문의 세계에 눈을 쬐끔 뜨게 해 주신 이 나라 한시의 대가이신 복재(復齋) 문의선(文義善) 선생님께서는 어느 겨울학기에 내게 소학(小學)을 가르치시다가 갑자기 이렇게 말씀하시는 것이었다.

"사내는 돈을 알아서는 아니 된다."

당시 십대 중반이었던 나는 이 말씀의 의미를 깨닫지도 못하고 그냥 그 말씀을 암기만 한 채 20대와 30대를 살아왔다.

내게 있어 어려운 여건 하에서의 학문 지망의 길은 여간 버거운 것이 아니었다. 삶이 버겁고 팍팍할 때마다 나는 학자지망의 길을 포기해 버릴까 하는 생각을 하루에도 몇 차례씩 갖곤 했었다. 그런 가운데 차차로 내게 무게를 더하며 다가오는 것은 복재선생님의 말씀이었고 그 말씀의 의미망의 터득이었다. 지금 생각해보면 복재선생님의 이 말씀이 내 뇌리에 깊숙이 자리잡히지 않았던들 나는 학자지망의 길을 중도이폐하고 오직 돈을 벌고 모으는 데 몰두했을 것이고, 또한 더 많이 모으기 위해 밤낮을 가리지 않고 고심참담했을 것이다.

이삼십 대 나는 이 말씀의 의미란 사내가 돈맛을 알게 되면 큰 뜻을 실현시키지 못한다는 의미 정도로만 해석했었다(사실 이런 일면도 있다). 그러나 내 나이 50대 중반을 넘기고 세상사도 어느 정도 겪다보니 그 말씀이 내포하고 있는 의미는 여기에만 그치는 것이 아니었다. 삶의 뒤틀림은 온통 에서 비롯된다는 사실을 차츰 터득하기에 이른 것이다. 돈을 지천으로 소유했을 때 누릴 수 있는 자유스러움과 여유롭고 화려함 못지않게 그 뒤안길에는 축축하고 역한 비린내와 쓰레기장에서나 맡을 수 있는 썩은 내음이 도사리고 있다는 것을 알기까지에는 이만큼의 세월이 흘러야 했던 것이다.

돈이 갖는 부정적 속성이 어찌 이에서만 그칠까. 이의 쟁취와 차지함 때문에 그렇게 친밀했던 친구는 어느 날 아침 원수로 바뀌고, 부모님의 피가름을 함께 한 형제간이 남이 되는가 하면 자신이 낳은 자식과도 등을 돌리는 부모자식간이 되고 마는 것이 아닌가.

요사이 모든 대중매체는 한보사태의 소식을 전달하는 데 온통 매달린 느낌이다. 누군가는 떡값으로 몇 억을 꿀꺽했다느니 5조 원에 달하는 대출압력의 실세는 따로 있다느니 등등. 따지고 보면 세속을 이리 시끄럽고 야단스럽게 만든 작인은 돈에서 비롯된 것이 아니겠는가?

매 주말마다 TV를 통해 방영되고 있는 외국영화들의 스토리 전개는 대부분이 돈과 유관되는 살인사건들로 그 내용이 구성되어 있다. 이 저질스러운 내용들은 이 나라의 순박하고 예의와 염치를 알고 사는 백성들을 오염시켜 이제는 돈만 생길 수 있다면 무슨 짓이라도 하고 마는 뻔뻔스럽고 얄미운, 무섭고도 한심스러운 세태가 되게 하고 말았다.

요즘 대학에서는 갓 들어 온 새내기가 되었건 헌내기가 되었건 돈을 버는 아르바이트에 열을 올린다. 물론 이들 중에는 부모님의 고통을 분담하겠다는 알뜰한 부류의 학생들도 없는 건 아니지만 대부분은 자신의 소비 영역을 확장시키기 위한 것들이다. 내 잘은 몰라도 의식 있는 부모라면 자식들의 대학생활이 몇 푼의 돈을 버는 데 그치고 마는, 그런 삶에 얼룩져지는 것을 바라지 않을 것이다. 나는 기회가 있을 때마다 제자들에게 그 몇 푼의 돈을 벌기 위해 젊음의 시간을 소진시키지 말고 그 시간에 책을 읽으라고 권하곤 한다. 독서에는 때가 있고 폭 넓은 교양은 더더구나 대학시절에 쌓지 않으면 좀처럼 쌓을 수 없다는 것을 익히 알고 있기 때문이다. 한 개체에 있어서 다가오는 미래에의 보다 높고 보다 원대한 비상은 학부시절의 독서가 절대적으로 뒷받침된다는 사실을 나는 체험을 통해 알고 있다.

수무집전! 이 말씀은 다각도로 해석되어질 수 있을 것이다. 그러나 그 여러 가지 해석 중에서도 다음과 같은 해석이 좋지 않을까 한다.

"돈에 지나치게 집착하지 말라."

우리가 익히 아는 바와 같이 집착은 무리함이 뒤따르기 마련이고 또 이는 우리네를 정신적으로 피폐케 하는 감옥이 되기도 한다. 특히 돈에 집착하다 보면 그것을 무리하게 소유하려다가 자신의 육신이 감옥에 갇히기도 하고 때로는 개인의 역사상 씻어낼 수 없는 얼룩과 오점을 남기기도 한다. 어디 그뿐이랴. 선량한 이웃의 삶까지 어혈지게 하는 것이 아니겠는가.

남자에게는 헤일 수 없는 유혹이 있다. 유혹이 일차적 죄악이라면 그 유혹에 넘어가는 것은 이차적 죄악이다. 세상에 남자는 많다. 남아선호 풍조에 따라 앞으로 남자는 더욱더 많아질 것이다. 그러나 정작 고가의 평가를 받을 수 있는 사내는 몇 명이나 될는지…. 누가 뭐라고 해도 내가 흠모하는 남자는 부정한 돈의 유혹에 넘어가지 않는 자이다. 2300여 년 전의 맹자는, 대장부는 위무(威武)에 굴하지 않는 자라고 했다. 맹자께서 오늘날의 이 너절하고 시끌벅적하며 어수선한 세속을 보신다면 분명 이리 말씀하시리라.

"참된 대장부는 부정하고 구린 냄새나는 돈에 자신을 오염시키지 않는 자이다."라고.

오늘의 우리 삶이 자본주의 체제하에 있다보니 돈은 분명 소중한 것이다. 이제 우리네는 어느 소비집단에 끼이지 못하면 심한 경우 소외감과 패배감마저 느낀다. 이처럼 소중한 것이기에 영국의 작가 써머셋 모옴은

“돈은 인간의 육각과 같다. 그것이 없다면 다른 오각을 선용할 수 없다.”

라고 갈파했을 것이다. 감각기관마저 마비시킬 수 있는 돈의 위력. 돈! 그것은 분명 소중하다. 그러나 소중한 것이 많아지면 잠잘 동안도 편안치 않을 것이다. 일본작가 나쯔메 쇼오세끼(夏目漱石)의 말이다. 이처럼 잠마저 앗아가는 경지에 이르게 되면 이 경우 돈은 사내의 웅지를 꺾어 버리는 단계를 넘어 하나밖에 없는 생명의 위해 요소로 변질되는 것 아니겠는가.

돈은 행복 자체일 수도 있다. 돈은 불행 자체일 수도 있다. 해서 수무집전(手無執錢)인가 보다.

(문화공간. 1997. 4월호)

산다는 것은 죽이는 것인가

모든 인간들의 삶은 타 생명체를 죽이는 행위로부터 자유로울 수 없다. 자유스러울 수 있는 자가 있다면 그는 아마 이 지구상의 존재자는 아닐 것이다. 이는 사람이 선하고 악독하고 도덕적이고 윤리적인 차원 저 너머에 있다. 우리네가 삶을 꾸려 가면서 얼마만큼 타 생명체의 생명을 존중하는가의 여부에 따라 어진 자와 악한 자는 판가름된다.

그래서 옛날 현자들은 어짊이 곤충에게까지 미쳐야 한다고 말했으리라.

우리 모두가 늘 착하고 정직하다고 칭송해 마지않는 농부들. 그러나 그들의 하루하루의 삶과 노동행위는 살육행위의 반복이라 해도 과언은 아니다.

모를 심고 나면 도열병약, 벼멸구약을 뿌려야 하고, 고추밭에는 탄저병 예방약, 채소밭에는 진딧물 방제약을 뿌리면서 시도 때도 없이 노동이라는 이름 아래 살육행위를 되풀이한다. 그래서 무참히 죽어 가는 수많은 버러지들. 도회지 인간들은 농촌현장에서 이렇게 자행되는 행위를 외면한 채, 보다 싱싱한 야채와 알곡식을 일용하면서 잘도 살아간다. 그러니 농부가 살육행위의 현장집행자라면 애용자는 그것을 당연시하고 지원하는 간접 살육자인 것이다.

나는 부지불식간에 저지르는 살육(길을 걷다가 내 발에 밟혀 죽은 미생물들)말고도 의도적으로 이를 자행하곤 한다. 나의 이 행위 현장과 대상은 내 뜰에서 생장하는 몇 그루의 과일나무와 꽃나무 그리고 야채 밭의 해충들이다.

무덥던 7월이 지나가고 8월로 들어서면 나는 바삐 좁은 뜰 한편에 배추와 무 그리고 갓을 심는다. 잎새가 조금 자라기가 무섭게 생겨나는 진딧물과 배추벌레. 이들의 공격으로부터 야채들을 제대로 성장시키기 위해 아침마다 해충들을 제거시켜 줘야 한다.

그런데 배추벌레는 나의 이런 행동을 예측이나 한 듯 파란 배추잎 색감으로 몸을 변장하고 있다. 이놈의 보호색 분장에도 불구하고 내 눈에 쉽게 띄는 것은 밤새도록 잎을 갉아먹고 난 뒤 남겨 놓은 검푸른 배설물 탓이다. 몸뚱이는 담록색이지만 배설물의 색감이 거무튀튀한 탓으로 이놈의 활동영역은 아주 쉽게 드러난다. 분비물 때문에 죽임을 당하는 배추벌레. 이놈은 어쩌다 내 실수로 손아귀에서 벗어나 땅위로 떨어지면 필사의 몸부림으로 몸을 움츠려 동그란 모양새를 만든다. 이때 나는 그런 배추벌레를 큰 노획물이나 되는 듯 째려보다가 이내 발 아래로 옮기고는 짓이겨 죽이곤 한다.

여리디 여린 배추벌레의 생명을 노리는 침입자는 나만이 아니다. 허리통이 잘룩하다 못해 금방이라도 끊어져 버릴 것 같은 나나니벌이 그놈이다. 이놈은 내가 찾아내지 못하는 틈새를 비집고 다니면서 배추벌레 사냥을 계속한다. 배추 포기와 포기 사이는 말할 것도 없고 잎새와 잎새 사이를 능수능란하게 헤집고 다닌다. 어쩌다가 한 마리의 배추벌레를 사냥하는데 성공하면 어디론가 황급히 날아가 버리곤 한다. 나는 이런 나나니벌의 행위는 아마도 호젓한 곳에서 사냥감으로 배를 채우기 위한 것으로만 추측했었다. 그러나 이는 잘못된 것이었다. 일본학자가 써 놓은 글을 읽다보니 나나니벌은 배를 채우기 위해 배추벌레를 사냥하는 것이 아니고 자신의 종족을 퍼뜨리기 위해 사냥을 한다는 것이다.

나나니벌은 자신이 잡아낸 토실토실하게 살찐 배추벌레를 외부의 적이 침범하지 못하는 안전한 곳에 옮겨 놓은 뒤 그놈의 체내에 자신의 알을 까놓는다. 그러면 나나니벌의 알은 그 속에서 부화되어 애벌레로 변하면서 배추벌레의 살을 야금야금 파먹고 성장한단다.

두 나래를 활짝 펴고 무한공간을 비상하고픈 배추벌레의 꿈은 내 손아귀에서, 나나니벌의 사냥에서 이처럼 무참히 꺾이고 마는 것이다.

나는 등산을 즐기고 들판을 허적허적 걷기를 좋아한다. 산도 그렇지만 들판의 소요는 계절에 따라 운치가 있다.

봄에는 환희와 경외감이 있어서 좋고 여름철에는 이글거리며 타는 듯한 뙤약볕 아래서 성숙을 위한 식물들의 몸부림이 좋다. 가을에는 충만과 영글음이 좋다. 어디 그뿐이랴. 수확을 끝낸 늦가을의 밭고랑이나 논둑을 걷다 보면 향긋한 흙 냄새와 더불어 전해 오는 싸아한 바람. 뽑히고 베어진 벼포기의 밑둥과 고구마가

묻혔던 골을 내려다보고 있노라면, 자식들의 마지막 혼사까지 끝낸 어머님의 가슴팍이 느껴지기도 하고 새끼를 밖으로 내보내고 조용히 바스러져 가는 알껍질을 연상시키기도 한다. 그러나 더더욱 좋은 것은 겨울 들녘의 소요일 것이다. 윙윙 불어대는 찬바람의 자극도 자극이려니와 하얀 눈에 조는 듯 덮여 있는 들판은 세속사에 초연한 도사의 포근함과 조용함을 느끼게 해서 좋다.

여름한철 이리 좋은 들과 산길을 가다가 보면 뜻하지 않게 만나지는 생물들이 있다.

그 중에서도 온몸에 소름과 공포감을 끼쳐 주는 놈이 있으니 긴 즘생이 그 놈이다. 후미진 길목에서 뜻밖에 당하는 공포와 전율, 순간 나는 전신에 소름끼치게 번지는 징그러움과 무서움을 뒤로 한 채 그놈에게로 다가가 미친 듯이 그놈의 대가리를 향해 발길질과 짓이기기를 되풀이한다. 필사적으로 대항하는 살모사와 정신없이 밟아대는 내 발짓은 격렬하게 전개된다. 살모사가 그 무서운 동작을 뚝 멈출 때까지 말이다.

이 같은 나의 긴 즘생에 대한 야만적 살육행위로 해서 들판에서 산골에서 생명을 잃은 능사나 살모사는 줄잡아 기십 마리에 이른 것이다. 희생당하는 것은 뱀만이 아니다. 이런 행사를 치르고 나면 내 속옷은 축축이 젖곤 한다. 어디 그뿐이랴. 안성 칠장산 계곡에서는 돌 틈으로 숨어드는 살모사를 짓이기다가 등산화를 신은 엄지발가락이 멍들기도 했었다. 이때의 광경을 지켜본 친구는 산에 들면 살생을 금해야 한다고 충고했지만, 나는 내가 당한 공포와 전율은 내게서 끝내야 하고 이후 제삼자에게는 결단코 전이전승 되어져서는 안 된다는 어설픈 신념 탓으로 이런 행위를 지금도 멈추지 못하고 있다. 무참히 죽어간 뱀의 시체를 내려다보며 용서를 빌기도 하지만 곁들여 기도함을 잊지 않는다.

"천지신명이시여 오늘 죽어간 살모사가 후생에서는 다시는 뱀의 육신으로 태어나지 않게 해 주옵소서."

아마도 나는 전생에 쥐와는 불구대천의 원수지간이었는지도 모르겠다. 그래서 쥐새끼가 나의 사정권 안에 있을 때 단 한번도 살려 보낸 적이 없다.

축대 집에서 살다보니 금년처럼 장마와 큰물이 지면 불안감이 그치지를 않는다. 언제부터 내 집 뜰에 이주해 왔는지 얼굴 없는 쥐새끼마저 여름철 내내 말썽을 부린다. 쥐새끼는 그 위태한 축대 밑에 밤마다 구멍을 파놓곤 한다. 시멘트와 돌덩이로 구멍을 틀어막기 수십 차례. 그러나 쥐새끼는 내 이 같은 노력을 비웃기라고 한 듯 다음날 아침에 살펴보면 또 다른 구멍을 휑하게 파놓곤 한다. 생각다 못해 그놈이 일상적으로 다니는 길목에서 쥐틀을 설치해 두기로 했다.

쥐새끼는 무척이나 간사스럽다. 그래서 쥐새끼의 이런 행동을 두고 수서양단(首鼠兩端)이라 하지 않았던가. 영특한 것일수록 허점은 습관에서 찾아지는 법이다. 쥐새끼가 잘 다니는 길목의 입구에 구멍을 낸 자루(버선을 활용하기도 함)를 설치해 놓고 몰면 쥐새끼는 거의 백퍼센트 자루 속으로 들어가곤 한다.

지난 여름 내내 이 괘씸한 쥐새끼를 처치키 위해 화초 사이 쥐새끼 길목에다 아주 섬세하게 쥐틀을 설치해 두었었다. 며칠 밤이 지났는데도 야속케도 쥐새끼는 걸려들지 않았었다. 또 다시 며칠 밤이 지난 뒤 무심코 쥐틀을 살펴보니 통쾌하게도 중쥐 한 마리가 목이 졸린 채 죽어 있었다. 이를 보는 순간 나는 쥐새끼와의 싸움에서 이겼다는 승리감과 흐뭇함이 온 몸에 번지는 것이었다. 그러나 이 같은 도취감도 잠시, 죽은 쥐를 틀에서 꺼내 묻어줄 양으로 족쇄를 풀다보니 죽은 쥐의 두 눈이 말똥말똥 햇빛에 반사되는 것이 아닌가. 아뿔싸. 내 행위가 너무 잔인했구나! 죽음을 당하는 것이 얼마나 싫고 억울했으면 저리 눈을 감지 못했을까? 인간들도 그 죽음이 너무 억울한 경우 눈을 감지 못한다고 하지 않았던가! 순간 당연시가 자책감으로 변하는 것이었다.

춘추전국시대 오 나라의 명장이요 충신이었던 오자서(吳仔胥)는 평왕으로부터 당한 억울한 죽음 때문에 그가 죽은 지 삼 년이 지난 후에도 동문밖에 걸어 둔 해골의 두 눈에서 형형한 빛을 발했다고 하지 않던가. 이 쥐새끼도 나로부터 당한 죽음이 저렇게도 억울해서 눈을 감지 못한 것은 아니었을까? 내 몸 구석구석을 스멀스멀 기어다니는 회한과 전율.

나는 이 죽은 쥐의 시체를 땅속 깊숙이 묻어 주어야만 후회에서 벗어날 수 있을 것 같았다. 뜰 한켠을 자가 넘도록 파고 가지런하게 쥐의 시체를 편 뒤 흙으로 덮고 달구질을 해주었다 그러면서 나는 천지신명께 간절히 기도를 해야 했다.

"하늘님이시여 오늘 묻힌 쥐로 하여금 다시는 쥐 몸으로 태어나지 말게 해주옵소서. 보다 고등동물로 태어나 저주와 죽음을 당하는 그런 존재자가 되지 말게 해 주옵소서."

이번 주말에도 나는 들판과 산골을 스쳐오는 바람처럼 걸어갈 것이다. 그러면 나는 또다시 또 다른 생명체를 부지불식간에 죽이게 될 것이다.

아! 살기 위해 죽여야 하고 죽어 주어야만 하는 생명순환구조. 하여 나는 인왕산자락에 눈길을 보낸다.

(문화공간. 1998. 10월호)

삶은 왼통 뇌옥이다

내 젊은 시절에는 육신의 자유스러움을 최고의 가치로 여긴 적이 있었다. 가고 싶은 곳을 마음대로 갈 수 있고 하고 싶은 것을 마음대로 할 수 있는 경지는 분명 지고의 가치임에 틀림없을 것이다.

그런데 나이 탓인지 아니면 내 인격이 조금 수양된 탓인지는 몰라도 이 같은 가치관이 최근에 와서 조금씩 흔들리기 시작하고 있다. 육신만의 자유스러움이 진정 최고의 것인가 하는 회의감이 서서히 일기 시작한 것이다. 해서 요사이 나는 "…으로부터" 벗어남만이 진정한 자유스러움이라 여기고 그 경지를 열기 위해 무척 애를 쓰고 있다.

죄수들의 육신을 일시적이거나 영구적으로 가두는 감옥은 우리네의 세속적 삶의 고정관념으로 본다면 부자유스러움과 고통의 표상이요 극치일 것이다. 그래서 사람들은 그 고통스러움과 구속됨을 면키 위해 삶의 방식을 제재지우고 조정하면서 조심조심 살아가는 것 아니겠는가? 그러나 이 감옥은 우리네 육신은 가두어도 정신은 가두지 못하는 곳이기도 하다.

우리네가 세상이라는 바다를 헤엄쳐 가는데 우리를 구속하고 부자유스럽게 하는 것들은 종류도 많고 그 수효도 헤아릴 수 없을 정도이니 감옥쯤은 우리의 육신을 옭아매는 하나의 형태에 지나지 않을 것이다. 어찌 보면 단순하기마저 한 이 감옥이란 제도는 집단적 삶의 영위를 위한 불가피한 육신의 뇌옥에 지나지 않는다. 정작으로 보다 크고 보다 고통과 구속을 우리에게 안겨 주는 뇌옥은 삶 자체에 있음을 우리는 인지하지 못한 채 그날 그날을 살아가고 있다.

나는 늘 편안한 옷차림을 좋아하지만 어쩌다 정장을 해야 할 때 나는 까다롭다 할 만큼 주름이 잘 잡힌 바지와 깨끗한 와이셔츠를 고집한다. 이렇게 차려입은 차림새는 외출을 앞두고 거울 앞에 섰을 때 한껏 자족감에 도취되기도 한다. 그러나 이 기분은 잠시이고 대문밖에 나서면 나는 보행에서부터 버스·전철·택시 안을 가릴 것 없이 내가 앉을 장소에 신경을 쓴다. 혹 더러운 것이 옷자락에 묻거나 닿지 않을까 주름잡힌 바지가 구겨지지나 않을까 더러운 것에 흰 와이셔츠가 얼룩지지나 않을까 등등. 이러다 보니 정장차림으로 외출 시 내게 있어서 집밖은 온통 감옥이 된다. 이런 탓으로 나는 보다 자유스러워 볼 양으로 캐주얼 차림을 선호하지만 대중 앞에 서야 하는 직업이다 보니 부자유스러움은 마냥 지속될 수밖에 없다. 이런 상태에서 하루를 보내고 나면 내 육신은 흐물흐물 파김치처럼 축 처져버리기 일쑤다.

어쩌다가 예쁘게 입술치장을 한 여인네와 함께 식사라도 할라치면 나는 그 여인의 입술을 쳐다 볼 때마다 쓸쓸함을 느끼곤 한다. 맛있는 고기살점이나 물 좋은 회살점을 복스럽게 먹는 것은 차치해 놓고라도 그 먹거리가 행여 입술의 고운 화장에 흠집이라도 낼까 봐 윗니로 윗입술을 대신해 음식을 흡입시키는 어색타 못해 어설픈 식사모습은 나를 참 안타깝게 한다. 음식 맛은 옆 사람의 식사태도와 음향에 의해서도 배가 된다는 것은 주지의 사실이 아닌가? 그런데 옆 사람은 차치하고라도 저리 신경을 써가며 음식을 먹게 되면 당사자는 말할 것도 없고 옆 사람의 입맛마저 앗아가기 십상이다. 그러니 음식을 먹자는 것이 주인지 입술화장이 지워지는 것에 신경을 써야 하는 것이 주인지 도시 알 수가 없는 것이 되고 만다.

나는 가벼운 위염으로 수년 째 고생해 오고 있다. 의사선생님은 나의 병상을 두고 음식에 각별히 유념할 것을 경고한다.

"커피는 금하시는 게 좋습니다."

"빈속에 맥주는 금물입니다."

"보다 주의해야 할 것은 과식입니다." 등등.

의사선생님의 이 같은 당연한 경고나 주의사항에 태만한 탓으로 나는 위병이 발병했는지도 모른다. 그런 관계로 나는 매끼니 때나 차를 마실 적마다 온통 신경을 써야 한다. '혹시 이러다가 병이 더 깊어지는 게 아닌가? 더 먹어도 되나?' 등등.

그래서 세속적 삶의 최상의 즐거움인 빈속에 맥주 한 잔 마시기를 신경 써야 하고 극도의 시장기를 느껴 식사를 할 때에도 한 숟가락 분의 밥을 내려다보며 마음의 갈등을 빚을 때가 한두 번이 아니다.

집사람은 강아지 기르기를 퍽이나 좋아하고 화초도 열심히 가꾼다. 이런 취향 때문에 우리 집 강아지 식구는 셋이나 된다. 그중 "똘이"란 놈은 우리 식구와 함께 산 지가 십수 년이 지났다. 그런데 이놈이 늘 말썽이다. 아침마다 뜰 구석구석에 뒷발질을 해서 정성껏 마련해 놓은 화단을 엉망진창으로 만들어 놓곤 한다.

어느 일요일 아침 밖이 소란스러워 잠을 깨어 보니 내자는 "똘이"를 향해 일갈대성을 하고 있는 게 아닌가? 사연인 즉 이제 몽실몽실 자라나는 할미꽃 대궁이들을 뒷발질을 해 엉망으로 만들어 버렸기 때문이었다. 지난 겨울 내내 지루하고 혹독했던 추위를 이겨내고 고개를 쳐든 꽃대가 대견스러워 아침마다 마음 뿌듯함을 느껴 왔던 내자에게 똘이의 뒷발질은 분명 절망이었을 것이다. 할미꽃 망울에 집착한 나머지 똘이와 나의 하루는 이렇게 일그러지고 말았던 것이다.

상도동 장승고개에 세워졌던 천하대장군 지하여장군의 장승은 모 종교집단에 의해 수 차례에 걸쳐 잘리우는 비운을 당해야만 했다. 어디 그뿐인가. 지성이 판을 치는 모 대학 캠퍼스에 세워졌던 장승 또한 운명은 마찬가지였다. 어찌 보면 한없는 이 우행은 생존권과 관계 지워 생각해 보면 이해가 아니 된 것도 아니다. 내 살아남기 위한 타의 부정. 2500여 년 전의 공자님도 이단에 전념하다보면 해로울 뿐이라고 하지 않았던가? 당신의 신념과 철학과 가르침을 극대화하기 위해서 당시 횡행하던 신선사상과 黃老思想을 이단으로 배척했던 공자님도 따지고 보면 생존법칙과 연관된다 할 것이다. 공자님도 예수님도 이러할진대 우리네 중생이야 더 말해 무엇할까?

우리 모두가 자신이 구축한 성곽, 그것이 인격이건 사상이건 기술이건 종교건 가릴 것 없이, 안에 갇혀 한 발자국도 나아가지 못하고 그것을 지키기 위해 스스로 묘혈을 파는 삶이고 보면 그 감옥은 남이 만들어 놓은 것이 아니고 내 스스로가 만들어 놓았고 또 만들어내는 것이 아닐까? 그래서 옛 철인들은 해탈이란 고정관념으로부터 벗어남이라고 갈파했을 것이다. 우리네가 일상으로 부딪치는 먹는 것, 입는 것, 즐기는 것, 그리고 관념, 어느 하나 감옥이 되지 않음이 없건만 서울교도소만을 부자유의 표상으로 치부하고 있으니……. 이리 보면 삶이란, 드넓은 뇌옥이요 집착이 곧 뇌옥 아니겠는가. 그러나 그 뇌옥이 곧 삶의 현장이고 그 뇌옥이 있기에 우리의 삶은 역동적인 것인지도 모르겠다.

(창조문학. 1997. 봄호)

나의 좌우명, 평화 그리고 자유

내가 좌우명으로 삼는 단어가 어찌 평화와 자유 두 단어에 국한될까마는 그래도 최우선으로 선택한다면 이보다 앞설 단어가 있을까? 내 평생 동안 한결같이 믿어 온 진리의 말씀이라면 모든 생명체에 대한 생사여탈권은 하느님만이 지니고 계신다는 것이었다. 그렇다! 한 생명체, 그것이 아무리 보잘 것 없는 것이라 치더라도 그 생사의 주관은 이 우주만상의 질서를 유지시키는 하느님이 아니겠는가. 그런데, 이 명징한 사실, 만고불역의 진리는 작금에 이르러 일거에 무너져 내리고 있는 것 같아 소름이 끼친다.

위대하신 부시 대통령은 인류의 평화를 위해, 아니 자국민의 이익을 위해 대량학살을 저질러야 한다고 독기 어린 목소리로 외쳐대면서 가까운 시일 내에 이라크에서 명분 없는 전쟁을 일으킬 모양이다. 하느님만이 주재하는 인간의 생명을 그는 신의 지위보다 윗길에서, 아니 신보다 앞질러 그 권능을 구사하겠다는 것이다. 나는 미국민의 구십 퍼센트 이상이 하느님의 충실한 사도라고 알고 있는데, 그들의 지도자인 부시대통령은 그 하느님의 숭엄한 뜻에 정면으로 배치되는 모순을 거침없이 보여주려고 하고 있으니, 이는 하느님의 명을 참칭하는 것일까, 도용하는 것일까? 그것도 아니라면 자신을 지상의 하느님으로 착각하는 것일까?

생각해 보라. 우리 모두가 거친 세파에 태어나 부득이한 삶이라도 누리고 있는 것은 그 삶이 소중하고 엄숙해서 하느님의 뜻을 존중하고 거스르지 말아야 하기 때문이 아니겠는가. 그래서 아프리카 밀림의 성자로 불리었던 슈바이처 박사는 일찍이 "아무리 위대한 종교나 사상 정치체제라 할지라도 그것을 유지하기 위한 수단으로서의 살생은 죄악"이라고 갈파하지 않았던가. 어디 그뿐인가. 현대물리학의 비조였던 아인슈타인은 그의 상대성이론이 대량살상무기의 개발이론으로 오용된 암담한 현실을 개탄하면서 인류평화증진운동에 노구를 던지지 않았던가.

나는 한때 '왜 참새는 늦봄에만 알을 낳아야 하며 촌닭은 계절에 구애받지 않고 알을 낳아야 하는가?' 하는 생각에 잠겨 본 적이 있다. 만약에 내 집 앞뜰에서 아침마다 재잘거리는 참새가 촌닭처럼 시도 때도 없이 알을 낳는다면 참새들의 종족보존은 애당초부터 불가능했으리라. 어디 그 뿐인가. 촌닭의 존재는 우리네 가축으로서의 위상은커녕 미운 오리새끼 쯤으로 전락되었으리라. 하느님은 우리에게 참새와 촌닭을 통해 다툼 없는 자연 질서를 보여줌으로써 지상의 조화와 평화를 마련했던 것이다. 이 조화가 다름 아닌 평화경이 아닌가.

아무리 서구문화가 쟁탈을 위한 투기문화요, 피 질질 흐르는 스테이크를 나이프로 잘라내야 식욕을 자극하는 문화라손 치더라도 동양문화의 속성인 푸성귀문화, 공생을 전제로 하는 숲의 문화에 한번쯤은 귀 기울이는 것이 바람직하지 않겠는가. 개꼬리는 개꼬리를 부른다는 서양격언을 부시대통령이 설마 모를 리는 없을 텐데…….

1981년 어느 화사한 봄날이었던가 보다. 나는 여느 때처럼 여초(如初) 선생님께 체본을 받기 위해 서둘러 집을 나서야 했다. 그런데, 버스가 자하문 고개를 넘어 청와대 뒤편 버스정류장에 이르렀을 때 민방위를 알리는 사이렌의 굉음이 북한산 자락에 메아리를 치는가 싶더니 서울 전체가 온통 사이렌 소리 잔치가 되는 것이었다. 늘 그러했듯이 내가 탄 버스는 어김없이 정차해야만 했고 승객들은 묵묵히 내릴 수밖에 없었다. 이런 경우 시내 중심가라면 지하보도로 몸을 숨기거나 뒷골목 어느 빌딩지하로 은신해야 했을 것이다. 그러나 그날 나는 장소가 장소인 만큼 인도 위에 육신을 드러낸 채 무표정하게 서 있을 수밖에 없었다.

순간 사이렌 소리의 울림이 끝나자, 잠시 사방은 태고의 적막으로 빠져들고, 주변은 내 숨소리까지도 크게 들릴 만큼의 적요가 흐르고 있었다. 그러나 그것도 잠시, 그 적요의 시공을 뚫고 묵중한 쇳소리를 내며 그 언덕길을 힘차게 오르는 물체가 있었으니 무반동 대포를 장착한 지프차가 바로 그 존재였다. 어디 그뿐인가. 완전 무장한 장갑차 한 대가 곧장 뒤를 따르고 있었다. 전시 체제하의 긴박감이란 이런 경우를 두고 한 말일 것이다. 이 전쟁의 도구들인 괴물들이 시야에서 사라지자 다시 좀 전의 적막감이 지속되는 듯했다. 순간 그 무서운 괴물들에서 느꼈던 공포감은 뇌리에서 자취도 없이 사라지고, 나는 그 적요상태를 야릇하게 받아들이면서 보도 위를 서성대야만 했다. 그러면서 나는 제법 사색주의자인 척 했고 민족주의자가 되는 기분이었다.

그런데, 이 태고의 정적은 한 마리의 장끼에 의해서 여지없이 깨뜨려지고 말았다. 바로 청와대 뒤편 산에서 춘흥을 갈무리하지 못한 아름다운 수꿩이 "꿩 꿩 푸드득" 소리를 내며 날아올랐기 때문이다. 그 장끼는 힘찬 날갯짓으로 내가 이제껏 서성이고 있는 골짜기 쪽으로 내려앉은 것이다. "꿩 꿩 장서방 아들 낳고 딸 낳고, 미역국에 밥 한 술, 낙지국에 술 한 잔"의 민요의 주인공인 장끼. 그 순간 나는 아! 하는 탄성도 잠시, 심한 모멸감에 치를 떨어야 했다. 청와대의 높은 벽과 철조망을 단번에 뛰어 넘어 내 앞에까지 거침없이 비상하는 저 자유, 그것에 비해 갈 길이 순간적으로 차단된 채 서성대야 하는 내 자신의 초라함. 그것은 부자유의 실존이었다.

날카로운 철조망과 높은 담벽이 걸림돌이 될 수 없는 장끼에 비해, 사방이 툭 터진 상태에서 가지도 오지도 못한 내 존재는 분명 초라함 자체였다. 저런 장끼의 걸릴 것 없는 비상을 보며 인간들은 이제껏 한 마리 새가 되었으면 좋겠다는 불가능의 소망을 수 만년 간직한 채 잘도 살아왔던 것이다. 아니 앞으로도 이 소망을 버리지 못한 채 살아가리라. 모르면 몰라도 그날 화려한 비상을 거침없이 해 보였던 장끼는 나를 향해 이렇게 비아냥거렸을 것이다.

"영오야! 영오야! 날아봐 날아봐 바보야! 용용 죽겠지."

그래서 선인들은 맑은 물이 철철 흐르는 냇가에 정자를 짓고 거침없이 유영하는 물고기에 눈을 붙박았을 것이다. 해서 여조(麗朝) 이자현(李資玄)은 16대 예종이 특사 곽여(郭輿)를 보내 예를 다해 초빙했음에도 불구하고 자신을 자연스러움과 자유스러움의 표상인 새에 빗대며 그 화려한 초청을 거절했으리라.

"상감, 저는 제 가슴속에 새의 속성을 기르고 물고기를 보며 물고기를 닮으려고 노력하고 있답니다. 하여 곁으로 갈 수가 없사옵니다. 그냥 살아서는 산중귀신이 되고, 죽어서는 산중 혼백이 되겠사옵니다. 용납해 주옵소서."

오늘도 나는 그날의 장끼처럼 날지 못한 채 다람쥐 쳇바퀴 삶을 반복하고 있다. 그렇다고 해서 꿈마저 못 꾸겠는가. 그러한 현실에 영합하는 내 꿈은 너무나 왜소하고 초라하다.

내일쯤 보조배낭에 캔 맥주 한둘 집어넣고, 산을 넘고 물을 건너다가 좋은 경개 만나면 꿀꺽꿀꺽 들이키리라. 내 이만하면 자유스럽지 않겠는가.

(2003. 4. 문화공간 4월호)

교수다운 교수 대망기

이 나라 대학교수들은 모두 몇 명이나 될까. 어림잡아 10만 명쯤 되리라. 그러나 학문연구만을 천직으로 삼는 교수다운 교수로 봉직하는 교수님은 그렇게 많지 않으리라. 나는 현직 교수다. 그러나 나는 교수다운 교수가 되지 못한다. 그냥 한 사람의 생활인으로서 교수직에 매달려 있는 자다. 그래서 나는 교수다운 교수님을 이제나 저제나 기다리고 있는 것이다.

세상은 어수선하다. 아니 어지럽다. 너도 잘 났고 나도 잘 났다. 나도 할 말이 지천이고 너도 할 말이 지천이다. 속빈 강정 같은 무책임한 말잔치는 시공의 한계를 모른 채 끝없이 치솟고 한없이 퍼져나간다. 도시 시비곡직의 판단이 서지 않는 무잡스런 말잔치. 막상 귀 기울여 마음의 바구니에 담아보려고 하면 전무에 가까운 허황되고 무책임한 말·말……. 이럴 때 대학교수는 오피니언 리더가 되어 우매한 자를 계도하고 자기 언어에 책임을 져야 한다. 책임과 실천이 뒷전으로 밀려난 언어는 말이 아니라 소리다. 세속의 천박스러움에 함몰되어, '아니면 말고 식'의 무책임한 언어들을 유비통신으로 재생 확대시키는 교수는 교수가 아니다. 교수의 언어는 일언이 중천금이어야 한다. 저 묵직하고 근쭝께나 나가는 언어는 뒤가 구린, 입만 산 것이어서는 아니 됨은 물론이다. 철저한 자기관리와 인격이 뒷받침된 언어. 그래서 공자님은 '눌변이 달변'이라고 설유하셨으리라. 어지러운 세상일수록 언어는 절제되어야 한다. 세속의 무책임한 언어 추방에 앞장서는 교수다운 교수님을 오늘도 나는 애끓게 기다리는 것이다.

너와 나, 앞과 뒤를 가릴 것 없이 세상은 온통 물신숭배의 신도가 되어 어지러움에 어지러움을 보태고 있다. 그러다 보니 사랑도 우정도 신의도 아니 신앙마저도 돈으로 매수가 가능하다고 굳세게 믿는 현대인들. 이 같은 현대인의 소성 밑바닥에는 괴물 상업주의가 자리한 탓이리라. 지고의 가치가 메몬니즘이 되다 보니 인간을 인간답게 하는 지고지순의 가치들은 똥지른 막대로 전락되고 만 지 하마 오래라. 그러다 보니 세상은 부정부패로 얼룩지고 우리 모두는 체념이라는 암묵적 공범자가 되어버린 어두운 현실. 그러니 오늘의 부정부패는 물신이 원흉이라면 나의 지나친 억설일까. 한 푼의 이익만 더해진다면 금석 같은 맹약도 공중분해 되어버리는 현실. 자신을 키워준 은사도 자신을 발탁해준 선배도 친구도 상업주의 논리로 무화시키는 무신의의 인간들. 그래서 공자님은 '국방을 책임지는 병장기는 버려도 신의만은 버리지 말아야 한다'고 설파하셨으리라.

교수도 사람인지라 사회변화에 적응해야 하고 또한 여세추이(與世推移)해야 살아남을 수 있으리라. 그러나 내가 미워하는 것은 상황논리를 앞세운 지나친 상업주의 숭배자가 되어 인간이 마지막으로 지켜야 하는 신의를 헌신짝 버리듯 하는 자인 것이다. 견위치명(見危致命)은 아니더라도 조금은 자신에게 불이익이 돌아온다 하더라도 그 자리에서 버티는 교수. 나는 이런 교수님을 목을 길게 빼고 기다리는 것이다. 왜냐하면 신의를 종교처럼 받드는 그런 교수님이 어딘가 있기 때문이다.

장맛비는 그칠 줄을 모른다. 그러나 비가 오면 오는가 보다, 눈이 내리면 내리는가 보다, 바람이 불면 부나 보다, 기름값이 오르면 오르는가 보다. 현실상황을 아는지 모르는지 연구실에 처박혀 책장에서 눈을 떼지 않는 교수. 이런 교수가 세속적 삶에 민감한 나머지 책을 멀리한다면 세상이 어찌 되겠는가. 세상의 평온유지가 구성원 각자의 제자리 지킴에서 비롯된다고 할 때, 교수의 제자리 지킴도 예외일 수는 없으리라.

그 누가 뭐라고 해도 교수의 직분은 개더골드가 되는 것도 아니고 권력을 거머쥐려는 권력지향적 인물도 아닌 것이다. 연구만이 있을 따름이고 그 연구의 행위 뒤에 주어지는 몇 푼의 보수로 살아가야 하는 별난 존재여야 하는 것이다. 그래서 사회에 공헌하는 결과물을 논문과 저서로 남기고 떠나가야 하는 것이다. 다시 말해 교수가 남겨야 할 최대의 유산은 연구결과물 외에 그 어떤 것도 무가치한 것이다.

어쩌다 세상이 이리 천박하다 보니 당연해야 할 것에 당연하는 그 정도의 교수님들이 나는 높아만 보인다. 하여 나는 공부는 뒷전에 두고 어느 집단의 정치브로커의 일원이 되어 삭발하는 교수들이 초라해 보이고 책장만을 넘기는 교수님이 우러러 뵈는 것이다. 그래서 나는 그런 교수님을 절절히 기다리고 있는 것이다.

요사이 이 나라 핵심 리더 그룹으로 치부되는 386세대보다 연배가 지긋한 교수님치고 이 나라의 어두운 현대사의 소용돌이를 헤치고 살아오지 않은 교수님들이 어디 있으랴. 피와 땀과 한숨과 한으로 교직된 현대사의 중심을 가로질러 오늘의 팍팍한 삶을 영위하고 있는 교수님들. 그 얼마나 고달팠으랴. 그러나 그 중에는 현실의 파도를 자기 것으로 화해서 능수능란하게 살아온, 아니 이를 역이용한 달인적 처세관을 발휘한 교수도 부지기수가 아니었던가. 이름하여 역사의식 결여 교수들. 이들에 의해 역사는 오도되고 진리는 전도되지 않았던가. 곡학아세를 진리인 양 게거품을 쏟아내며 열을 올렸던 교수들. 지금은 어디서 무엇을 하는지…….

지사적 기질은 발휘하지 못하더라도, 그래도 올곧은 역사의식만은 지녀야 하는 것이 교수답지 않겠는가. 불의를 불의로 인지하고 거부의 몸짓이라도 보여줘야 할진대 한 잔 술에 너털웃음 짓고 악당들의 매수공작에 맥없이 넘어가 버리는 부정과 협상하는 교수도 흔하고 보면, 아닌 것은 아니고 불의는 불의라고 하고 위의에 굴하지 않는 대장부다운 교수는 얼마나 아름다운가. 동관지주(潼關砥柱)는 못 되더라도 불의에 함몰되는 교수는 되지 말아야 할 것이 아니겠는가. 투철한 역사의식으로 중무장한 교수. 까딱하지 않는 교수. 그들을 나는 애타게 기다리는 것이다.

(2004. 시와 산문 43. 가을호)

창문 좀 닫아 주세요

이기주의. 그 얼마나 소름이 끼치는 단어인가. 누가 뭐라고 해도 세상의 분란은 이에서 비롯된다고 하면 나의 지나친 억설일까.

지금 이 나라 구석구석은 온통 이기주의 파도로 출렁대고 있는 느낌이다. 크게는 보수주의자와 개혁주의자의 이기주의 파도가 서울 한복판을 휩쓸고, 작게는 일부 아파트 주민들의 이기주의 파도가 넘실대는가 하면, 상아탑이라는 대학캠퍼스에서는 지고지순하며 권위를 제일의적으로 표방해야 할 교수님들이 삭발식을 가짐으로써 자신들의 이기주의를 표출시키고, 학생들은 등록금을 깎아 달라며 총장실을 점거하고 등등. 이놈의 이기주의 파도는 그 끝이 보이지 않는다. 어디 이 뿐인가. 성매매금지법이 시행되자 이 업에 종사하는 업주와 성매매 당사자들은 생존권을 보장하라는 딱한 외침을, 자신들의 처지를 호소하고 있다. 농부들은 쌀값을, 노동자들은 보다 많은 임금을, 사용자는 보다 적은 임금지불을……. 이기주의 데모의 파도는 영원히 가라앉지 않을 것이다. 왜냐하면 상업주의 내지 자본주의는 이 지구상의 마지막 승리자로 자리매김될 수밖에 없기 때문이다.

이 파도는 서구사회나 국가의 경우도 마찬가지인 모양이다. 가장 많이 소유하고 있고 그래서 초강대국이 된 미국을 보라. 그들은 자국의 이익을 위해 남의 나라 하나쯤 쑥대밭으로 만들어 버리고, 그로 인해 희생된 인명피해 쯤이야 아랑곳하지 않는다. 어찌 미국뿐이랴. 이스라엘과 팔레스타인의 참혹한 분쟁. 러시아 정부를 향한 체첸 반군들의 잔혹한 테러. 저 저주 받아야 마땅할 인간들의 만행 뒤에 숨겨져 있는 이기주의라는 괴물. 아니 교묘히 변장한 종교와 사상이라는 요물.

우리네 인간들이란 참으로 어리석은 동물들이어서 다른 유(類)의 동물들이 엄두도 내지 못하는 사상이니 종교니 이데올로기니 하는 그물을 만들어서 그 그물에 포획 당하는가 하면, 그로 인해 생명을 빼앗김 당하면서도 지금도 그물을 찢어버리지 못하고 되레 더욱더 새 그물 짜기에 열을 올리고 있으니…….

나는 뜨거운 여름이 지나고 제법 시원한 바람이 솔솔 부는 어느 초가을날, 시내에서 급히 해결해야 할 일이 있어 내 나이에 걸맞지 않게 허둥대며 버스를 타야만 한 적이 있었다. 급하게 서두른 탓으로 숨은 목구멍까지 차오르고 등골에서는 땀이 스멀스멀 기어내리고 있었다. 다행스러운 것은 빈 좌석에 내 몸을 의지할 수 있었다는 것이었다. 나는 흐트러진 몸을 추스르고 이마에 땀을 씻어내는 한편 차창 문을 열었다. 밖으로부터 흡입된 바람은 상큼 바로 그것이었다. 그러나 이도 잠시 뿐. 나와 대각선상에 앉아 있던 아주머니는 내겐 시원키만 한 바람이 그녀에게는 시원한 단계를 넘어 감기를 몰고 오는 칼바람으로 받아들여졌는지 "아저씨 문 좀 닫아 주실래요."라고 차갑게 말하는 것이었다. 순간 나의 행복감은 곁을 떠나 버렸고 창문을 닫을 수밖에.

내 좁은 텃밭에 해마다 재배하는 배추 몇 포기. 나는 이것들을 온전하게 길러내기 위하여 가을 한철 아침마다 작은 노력을 바쳐야 한다. 육체적 노동이야 하찮은 것이지만 정신적으로는 꼭 그렇다고는 할 수 없다. 그도 그럴 것이 나는 아침마다 이 지구상에서 가장 미물에 속한 배추벌레를 잡아 죽여야 하기 때문이다. 웬 벌레들이 그리도 많은지. 진딧물, 노린재, 배추벌레, 사마귀, 달팽이 등등.

그런데 이놈들은 자신들의 생명을 보호하기 위해서 나름대로 보호장치를 지니고 있다. 검정 배추벌레는 내 손이 닿기 전에 몸을 움츠려 과감하게 추락하고, 노린재도 배추벌레와 같은 동작과 아울러 독한 냄새를 풍기고, 녹색을 띤 배추벌레는 배춧잎과 똑같은 색으로 철저히 위장하고, 사마귀 놈은 앞발 두 개를 곧추세워 공격 자세를 취하고, 달팽이는 막무가내로 배춧잎에 진드기처럼 붙어 사력을 다하고…….

그러나 이 같은 벌레들의 동작은 나에게 어김없이 발각되고 포획되어 도륙당해진다. 나는 이놈들의 해악으로부터 배춧잎을 보호키 위해 두 눈을 부릅뜨고는 잎과 잎 사이를 뒤져 그놈들을 잡아낸 뒤 어떤 놈은 땅바닥에 패대기를 치기도 하고, 어떤 놈은 나의 억센 발로 짓이겨 죽여 버리곤 한다. 나의 이 거대한 폭력 앞에 힘 한번 써 보지 못하고 가루가 되거나 한 방울의 파란 액체로 변하는 벌레들의 시신. 운 좋게 내 눈을 피해 며칠간을 성장한 놈은 제법 토실토실하게 살이 올라 있어서 이놈을 짓이길 때는 마침 포도알이 입 안에서 터지는 듯한 느낌을 받기도 한다. 그러나 알에서 갓 부화한 놈은 손가락 사이에서 문드러짐으로 해서 형체마저 볼 수 없는 것도 있다.

나와 배추벌레는 이처럼 아침마다 배춧잎 하나를 두고 치열한 전쟁을 치른다. 배추벌레는 보다 부드럽고 맛있는 부분을 찾아 배를 채워야 하고 나는 그 벌레들을 살해함으로써 노랗고 부드러운 잎새를 구하기 위해 눈을 부릅떠야 하고…….

소강절(邵康節) 선생께서는 '인급곤충(仁及昆蟲)해야 군자가 된다'고 가르쳤는데, 나의 아침마다의 행위는 분명 무간지옥에 떨어지고도 남으리라. 업보만을 적층시켜 가는 나의 삶…….

자본주의=이기주의라고 할 수는 없지만 이기주의와 자본주의는 아마 사촌쯤은 될 것 같다. 왜냐하면 자본주의 속성이 소유의 극대화에 있고 그 극대화를 위해서는 이기주의가 한 몫 거들고 있기 때문이다.

어쩌면 인류의 멸망을 초래시킬지도 모르는, 그래서 태평양 깊은 해구에 수장시켜 버려야 할 이놈의 비극성.

도대체 이놈의 싹은 언제부터 트이기 시작했을까. 지금 우리가 문헌으로 확인할 수 있는 것은 안자(顔子)와 중니(仲尼)의 문답에서 찾아볼 수 있을 것이다. 공자님은 안자에게 '극기복례위인(克己復禮爲仁)'이라고 가르치지 않았던가. 사욕을 이겨내는 것, 이것은 이기주의의 차단을 말씀하심이 분명하다. 공자님의 사상을 이어받은 맹자는 양혜왕(梁惠王)에게 이기주의의 병폐를 제거해야만 나라와 백성이 평안하다고 설유하지 않았던가.

"윗사람 아랫사람이 이익만을 꾀한다면 나라가 위태롭다."(上下交征利而國危矣)는 맹자님의 말씀. 맹자는 어떻게 오늘날 이기주의에 함몰되어 가는 지구촌의 비극을 예단할 수 있었을까.

아, 자국민을 보호한다는 패권적 이기주의여! 자신들의 종교와 사상을 고수키 위한 편견의 이기주의여! 아파트값 하락을 막기 위한 집단이기주의여! 배춧잎 하나를 두고 벌레와 치열하게 싸움을 벌이는 나의 치사한 이기주의여! 이기주의여! 이기주의여! 태평양에 소포로 부쳐져야 할 인류 망조의 이기주의여!

양주(楊朱)는 자신의 정강이 털 하나를 뽑아 버림으로써 세계가 평화로워져도 자신의 정강이 털을 뽑지 않겠다고 하였지만…….

그렇게 보면 오늘을 사는 지구촌의 모든 구성원들은 양주의 후계자들이라고 불러도 무방하리라.

(문예운동 84. 가을호)

매미는 밤에만 우화한다

올 겨울은 유난히도 가물다. 울릉도나 서남해안에 지천으로 쌓였다는 눈도 오지를 않고, 눈 열 번 내린 것보다 낫다는 겨울비도 좀처럼 내리지 않는다. 대지는 지독히 메말라 서울 근교 산을 오른 등산객들의 신발 위에는 흙먼지가 부옇다. 마치 독한 황사바람이 스치고 지나간 자동차 보닛 위와 흡사하다. 이 현상은 내 집 작은 뜰이라고 해서 다를 바가 없다. 지난 가을 배추와 무를 거두어들인 채마밭에 발자국을 옮기기가 겁날 정도다. 흙먼지가 바지자락에 부옇게 묻어나서다.

그러나 이런 가뭄에도 아랑곳하지 않고 대지엔 생명력이 기지개를 켠다. 매화나무에는 꽃봉오리들이 제법 몽긋몽긋해졌고 사시 청청한 오죽 잎은 그 파란 잎새가 싱그럽다. 생명의 환성은 매죽에서만 들려온 게 아니다. 영하 10도를 오르내리는 혹한임에도 불구하고 원추리 싹은 파랗게 돋아나고 복수초는 노란 꽃송이를 네 개나 터뜨렸다. 나는 복수초 꽃 앞으로 다가가 경건한 자세로 무릎을 꿇고 찬찬히 들여다본다. 매서운 추위 탓인가. 노란 화판의 가장자리가 백짓장처럼 허옇게 변해 있다. 낮엔 피었다가 밤이면 움츠리는 복수초 꽃. 얼었다 녹았다 하는 기온 변화를 버겁게 감내한 흔적일 것이다. 애잔함과 소름이 한꺼번에 인다. 살을 에는 차가운 한풍에도 나와는 무관하다는 듯 싱그럽고 화사하게 오연히 피어난 노오란 꽃잎. 유아독존과 오만을 함께 한 그대 복수초 꽃이여. 그대는 한기만이 뒤덮은 대지에 곱게 피어나 도시 어쩌자는 것인가. 그 노란 화판으로 거드름을 피워 보려는 것인가. 아니면 엄존한 우주 질서에 철저히 순응하자는 것인가. 그것도 아니면 자연의 질서에 거역하며 사는 억지스러운 인간들에게 자연 순응의 삶의 자세를 여리지만 당당한 몸짓으로 보여 주자는 것인가. 그대가 내게 전하는 메시지가 어떤 것이든 간에 나는 그대 앞에 쭈그리고 앉아 경건해질 수밖에 없네.

이제껏 우리네들은 매화꽃이 눈 속에 핌으로 해서 그 강인함과 은근한 향내 때문에 선비의 지조에 비유하지만 향내도 나무줄기도 없는 복수초 꽃을 인간과 연계시킬 때 어떤 유형에 비유될 수 있을는지……. 행여 꼿꼿함만을 지고지순의 가치로 치부하는 백면 유생에 비유될는지. 매화는 꽃이 있고 향이 있고 열매가 있고 다년생으로 만고풍상을 겪은 달관적 선비라면, 복수초는 꽃잎은 있으나 향이 없고 열매도 없고 줄기나 가지도 없는, 그래서 여리고 가냘프나 기개 하나만 가지고 버티다 꺾이고 마는 백면서생 같은 꽃이다. 복수초는 매화꽃이 피려는 기지개를 켜기도 전에, 오직 혼자만이 피어나니 매화보다 더 준엄한 강인함이 있다. 매화는 평생 동안 그 향내를 변치 않음으로 해서 고궁절을 지켜온 선비와 같다면, 복수초는 저 강인한 성질과 불굴의 기개로 혹한 속에 피어 보여 줌으로 해서 젊은 나이에 꺾이고 만 지사에 비유할 수 있을 것 같다. 생각해 보라. 요새 것들, 상업주의에 빈틈없이 물들고 이익을 좇아 불철주야 물불을 가리지 않는, 그래서 이

익만 되면 오기(吳起) 장군을 앞서는 무서운 출세 지상주의 부류의 인간들. 의리는 똥 지른 막대가 되고 풍성한 이익만이 지고지순의 가치가 된 이 천박성을…. 이들에게 복수초 꽃은 자연에 순응하는 자신의 신의에 찬 삶의 모습이 어떤 것인가를 칼바람에 파르르 떨면서도 보여주고 있지 않는가.

내 집 뜰에 오만하나 깨끗하고 숭고하기까지 한 복수초가 지고 나면 매화꽃이 그 빈자리를 채우리라. 그리 되면 벌들은 윙윙대고 나비는 추운 날갯짓을 하게 될 것이다. 매화꽃 향은 방정스럽지 않고 은은하게 담 넘어 골목길에 살포시 퍼져 나갈 것이다. 이때쯤이면 참새는 더욱더 재잘거릴 것이고 날갯짓도 바빠질 것이다. 참새들은 아랫집 기왓골 틈새를 부지런히 헤집고 드나들 것이다. 매화 지자 바빠지는 참새들. 참새들은 왜 하필이면 매화꽃 지고 들판에 보리가 누렇게 익어갈 때 저리 부지런히 나는 걸까. 어릴 적에 나는 그 이유를 알지 못했었다. 다만 완전히 날갯짓을 못하고 어설프게 비상하는 주둥이가 누런 새끼들을 집요하게 추적해서 그놈들을 사로잡은 뒤 그것들을 노리개 삼아 하루를 보냈던 나였다. 그런 내게 참새가 알을 낳고 새끼를 까는 그 비밀의 질서를 일깨워 준 것은 50세가 지나 나의 세 번째 연구서인 『연암 소설의 도교 철학적 조명』을 엮을 무렵에 열독했던 노장철학이었다. 그렇다. 참새가 그 시기에 알을 낳아야만 한 필연은 생명질서와 종족보존의 순응, 바로 그것이었다. 생각해 보라. 만일 참새가 양계장 속 닭처럼 매일 알을 낳고, 양계장 닭이 참새처럼 들녘 보리가 누렇게 익어 가는 시기에만 알을 낳는다면 이 우주 질서는 완전히 뒤바뀌어야 될 것이다. 이때 자연의 질서는 파괴

되고 세상의 모든 질서 또한 뒤범벅이 되어 모든 가치 있는 것들은 무가치로 변질될 것 아니겠는가. 닭은 내 아랫집 기왓골 틈바구니로 자리를 옮기게 될 것이고 참새는 양계장으로 옮기게 될 것이며…….

참새들이 새끼들을 성숙한 생명체로 기르고 나면 내 집 뜰에는 매미가 성체한 뒤 남긴 껍질들이 여기저기에 매달려 있다. 금낭화 줄기나 공작나리 줄기, 심지어는 난 잎에도 매달려 있다. 모두가 밤사이에 우화한 뒤 남겨놓은 구각들이다. 매미의 천적은 까치다. 7~8월 시원스레 울어대는 매미의 음향을 쫓아 가지와 가지, 잎과 잎 사이를 비집고 다니면서 매미를 사냥하는 까치의 교활성을 보고 있노라면 은근히 부아가 치솟기도 한다. 까치의 신체적 조건은 어느 새보다도 매미사냥에 유리하게 되어 있다. 깡충깡충 뛰는 듯 나는 모습이며 크지 않은 적절한 몸 크기며 억센 발톱과 뭉툭하나 단단한 부리가 이놈의 먹거리를 얻기 위한 조건의 구비다. 나뭇잎 사이나 가지 사이에 몸을 붙이고 맑은 소리를 내는 매미를 찾아내기에 아주 좋은 조건을 두루 갖추었다고나 할까. 이런 까치의 밥이 되는 게 싫어서인지 매미는 반드시 밤에만 우화를 한다. 밤새 천적을 피해 우화한 매미의 잔해. 7년간이나 캄캄한 땅 속에서 버티다 지상으로 나온 매미는 어떻게 캄캄한 밤 모든 천적들이 깊은 잠에 빠져있다는 것을 알고 있을까. 해서 자신의 생명도 종족의 보존도 남기고 떠나는 매미. 7년간의 땅속 기다림은 이 생명 순환의 법칙을 터득키 위한 수련은 아니었을까. 모를레라 저 숭엄한 자연의 질서여! 생명 보존의 인지여! 종족 계승의 숭고함이여. 나는 몸 떨리는 추위에도 불구하고 뜰에 내려선다. 거기엔 엄동설한임에도 불구하고 파란 새싹을 내밀고 떨고 있는 원추리가 있고 머지않아 트일 감나무 싹눈이 나를 만나고자 하기 때문이다. 거기서 나는 생명 순환과 자연수순을 배운다. 나의 이런 자세를 노자는 위자패지(爲者敗之) 집자실지(執者失之)라고 갈파했으리라.

(2005. 펜문학 봄호)

4. 사우나 팔덕(八德)

農人의 祈禱

들녘에 소소리바람이 일고 하늘빛이 빨려들 정도로 파란 색감을 드리울 때면 나는 언제부터인가 기도를 한다.

지난 폭우에 만신창이가 되어버린 어린 배추싹. 문드러지고 망가져 버린 여린 잎을 내려다보며 '금년 배추농사는 깡그리 망쳐버렸구나' 여겼더니 그래도 신의 뜻과 생명력의 강인함으로 제법 넓어져 이제는 간난아이 손바닥만큼 성장한 싱그러운 배추이파리. 나는 새삼스레 생명의 외경(畏敬)스러움을 느끼면서 아침마다 어린잎을 들여다보며 천연보호색으로 감추어진 배추벌레를 잡는 것으로 하루의 일과를 시작하곤 한다. 핀셋으로 끌어내고 꽃삽으로 파묻는 잔혹한 작업을 나는 김장철까지 계속해야만 한다. 그러나 나는 내 영역의 무허가 출입자인 이놈들을 제거하면서－불가피한 살생－안쓰러운 생각에 조용히 기도를 한다.

"하느님(기독교적이 아님), 저의 알량한 창자를 채우기 위해 가냘픈 생명을 생매장으로 빼앗아야 하는 이 폭거를 용납해 주옵소서. 바라옵건대 이 살생이 저의 생명 영위의 범주를 넘어선 살생으로 발전되지 않도록 도와주십시오.

하느님 저의 행위는 기본적 소유 이상을 바라는 욕망이 절대로 아니옵니다. 그것은 단지 저의 원초적 생명부지의 불가피한 행위임을 이해해 주옵소서. 어디서나 함께 하시는 나의 하느님.”

빈터 한 구석에 하늘거리며 피어있는 흰 코스모스. 애시당초부터 애련한 이 코스모스는 흰색감을 드리울 때 더더욱 애련하다. 생각해 보라. 하순달이 고요히 쏟아져 내리는 빈터 구석에 흰색으로 단장한 코스모스와 흰 달빛의 조화의 일치를. 이는 애련을 넘어 섧디설운 정감을 자아내기에 충분한 정경이 아닌가.

어느 날 밤 나는 몹시 늦게 귀가한 적이 있었다. 음력 스무날 밤 달빛을 배경으로 한 귀가여서 어둡지 않은 가파른 골목을 터덜터덜 오르고 있었다. 그런데 우리 집 빈터에 환히 밝은 달빛을 이고 피어난 코스모스가 고요한 자태로 나를 맞는 것이 아닌가. 괴괴한 천지의 적막을 깨뜨리려는 듯 실솔의 울음만이 청아하게 울어싸는 이 밤에 소복단장한 이 꽃은 내게 섬뜩한 두려움을 안겨주는 것도 같았고 천상의 흰 달과 지상의 백의천사가 영적 대화를 열심히 나누다가 때 아닌 침입자의 출현으로 소스라치게 놀란 것처럼 느껴지기도 했다. 해서 나는 그 청순한 정경에 부끄럼을 느끼면서 기도할 수밖에.

“천지의 모든 것을 주관하시고 가을 산에 온갖 색감을 선사하시는 하느님. 저 코스모스의 가냘프고 애잔한 꽃잎이 어느 날 갑자기 불어 닥친 狂風으로 해서 여린 꽃대가 꺾이지 말게 해 주옵소서.

가냘프고 빈약한 꽃이라 해서 소소리바람의 희생이 될 수는 없사옵니다. 낮에는 푸른 하늘을 이 밤에는 쏟아져 내리는 맑은 별빛을 포근히 안으며 천수를 무탈하게 누리다가 내년 이맘 때 의연히 소생해 달님과의 청아한 대화를 다시 나누게 해 주옵소서.”

우리 집 좁은 뜰에 의연하게 자리한 히말라야시다. 여름이면 매미가 울고 겨울이면 맑은 바람소리로 내 정신을 편하게 해준다. 이리 고마운 소나무에 아침마다 까치가 날아와 운다. 그 청량한 울음소리가 내 단잠을 깨우지만 단잠의 미련보다는 까치의 상쾌한 울음이 더욱 큰 고마움을 느끼게 한다. 어쩌다 하루라도 까치소리를 듣지 못한 아침이면 나는 불안해 하며 기도를 한다.

"하느님, 모든 것은 제자리에서 제 몫을 하여야 하옵고 만사는 절로절로 풀려야 하옵니다. 우리 까치로 하여금 제 자리에서 제 시간에 제 울음을 울 수 있도록 도와주십시오. 이 소나무에서 여름이면 맴맴 하는 매미의 울음을 듣게 해 주옵시고 겨울이면 청정한 송뢰소리를 듣게 해 주옵시며 아침이면 까치의 경쾌한 울음소리를 조용히 들을 수 있도록 도와 주옵소서. 꼭 기쁜 소식이 아니더라도 관계치 않겠사옵니다. 나의 하느님."

(동대학보. 1984. 10. 8.)

君子 小路行

요사이 어쩌다 서울 거리를 걷게 되면 심한 우울증과 갑갑증을 느끼곤 한다. 이는 60년대 서울 거리에서 내 나름대로 느꼈던 자부심이나 통쾌감이 사라졌다는 이야기도 되지만, 자꾸만 비대해져 가는 서울의 몸뚱이에서 풍기는 불안감 때문이다.

60년대 초만 해도 나는 별 볼일이 없으면서도 을지로나 종로, 명동거리를 거니는 것을 즐거움으로 삼은 적이 있었다. 거리를 산책하면서 노변에 서 있는 빌딩들을 힐끔힐끔 쳐다보며 층수를 헤아려 보기도 하며, 혼자 만족해하면서 웃곤 했던 적이 있었다. 더러는 빌딩 공사장에 고개를 기웃대며 벽돌을 나르는 인부들에게 이 빌딩은 몇 층이나 짓게 되느냐고, 실업자나 하는 실없는 소리를 던지곤 했던 적이 한두 번이 아니었다. 그럴 적마다 공사장 인부들의 높은 빌딩이라는 기대에 찬 대답들. 나는 혼자 만족해하며 발길을 옮겼던 기억을 잊을 수가 없다.

그 당시 서울 시가의 높은 빌딩이래야 반도호텔 정도가 고작이었다. 반도호텔 건너편에 모국 대사관에서 쓰고 있던 건물이 있었는데, 바로 그 건물 곁에 신축되었던 S회사 빌딩. 나는 그 빌딩의 층수가 부자 나라 대사관으로 사용하고 있는 빌딩보다 서너 층 높다는 것에 대해 얼마나 흐뭇했던지.……

늘 아랫바닥에서 헤매던 우리네가 그네들이 소유한 빌딩 바로 옆에 우뚝 솟아 이제는 쳐다보는 게 아니고 굽어볼 수 있다는 데서 오는 통쾌감이리라.

이 쾌감은 오래도록 지속되었고 몇 십 년이 지난 오늘날에도 그 앞을 지날 적마다 문득문득 되살아나곤 한다. 어쨌든 이 빌딩은 왜소하고 짓눌렸던 내 가슴을 깨끗하게 탕척시켜 주었고 자부심 같은 것까지 심어 주었으니 고마운 단계를 넘어 감사해야 할 일이었다. 이렇게 60년대 중반기를 보낸 나는 70년대 문턱까지 부산에서 직장을 갖게 되었는데, 2년만에 나들이랍시고 돌아온 서울 거리는 잘도 변해 있었다. 개찰구를 빠져 나오자마자 내 시야를 가리는 고가도로. 나는 순간 갑자기 현기증 같은 것을 느끼고 있었다. 그 증세는 고가도로를 지탱하고 있는 교각의 육중함이나 그 위를 무서운 속력으로 질주하는 차량들의 위태스런 행렬의 시각적 저항감보다도 편리 추구 내지 교통 소통의 원활을 꾀한다는 관점에서 빚어낸 시멘트 문화의 저속성과 차가움이 몰고 오는 거부반응 바로 그것이었다. 이 현기증과 거부의식은 내 60년대 초반에 느꼈던 자부심이나 통쾌감이 무거운 우울증으로 바뀐 증좌였다.

한 달이 격세지감으로 변모하는 서울시가. 이제는 이삼십 층 넘는 빌딩들이 숲을 이루고 자동차의 행렬은 홍수를 만들면서 답답증을 더하니 걷듯하면 탈서울을 되뇌게 된다.

빌딩이 높으니 자동차가 홍수를 이루고 사람도 덩달아 많아질 수밖에. 거리를 나서면 장마구름처럼 밀려오고 휩쓸려 가는 사람의 행렬. 잠시 한눈이라도 팔라치면 발등이 짓밟히는 것은 물론이고, 정면 충돌이 예사니 바삐 걷고 싶어도 걸을 수도 없고, 맥주라도 한 잔 들이킨 거나한 기분에 두 팔을 벌리고 활보를 하고 싶어도 가슴을 펴기는커녕 기침도 크게 할 수 없으니, 어느 선배의 말마따나 행동과 사고 작용이 잽싸지 못하고 굼벵이 같은 자는 발붙일 수 없는 서울 거리가 되고 말았는가? 어쩌다 시내에 볼일이라도 있어 거리를 나서면 솔밭 같은 인총이 무섭기만 해 그 누구에게 강요당한 것처럼 뒷골목으로 뒷골목으로만 피해 다닌다.

일주일 내내 답쌓인 마음의 찌꺼기, 이를 승화시키기 위해 나선 산행 길. 그러나 조금이라도 알려지고 신문에 한번 보도라도 된 산이면 시골 장날처럼 모여든 인파들. 산의 묘미야 뭐니뭐니 해도 조용한 속에서 맑은 물에 발이라도 담그고 솔바람 소리를 듣는 게 일품인데, 기타 소리, 녹음기 소리 등 소음 공해가 뒤따르니 짜증스럽고 안타깝기만 하다. 라디오 소리야 구태여 산이 아니래도 좋으련만. 자연의 숨소리에 머리를 식혀 보자는 그 조촐한 뜻은 뒷전으로 밀리고 전자제품의 전시장을 방불케 하니 가관일 수밖에 없다. 그래 요사이 나의 산행은 명산이든 무명산이든 상관없이 낙엽을 제대로 밟아 볼 수 있고, 옥옥대는 솔바람 소리를 들을 수 있는 곳이면 어디든지 가곤 한다. 어쩌다 재수 좋게 만난 낙엽이 지천으로 깔린 소로, 황금빛 솔잎 낙엽이면 더욱 좋지만, 잃었던 애인이 갱생된들 반가움이 이러할까? 쓸어 보고 만져보고, 앉아보고, 안겨도 보고, 그 중 어느 하나에 입맞춤도 해 보며 자족을 한다. 이런 경지에 이르자면 옆이 방해가 되는 수가 더러 있어서 극히 마음에 맞는 지기지우(知己之友)가 아니면 으레 나는 혼자서 산으로 떠난다. 옛날처럼 범이 무서운 것도 아니고 해서.

오랜만에 만난 반가운 친구. 서로 만나보면 무탈함을 확인할 수 있지만 소식이 잠시라도 끊기면 문득문득 생각나는 친구. 그런 친구를 만나 맛있는 점심이나 한 끼 할 양으로 알려진 음식점을 찾아가 보면, 이건 즐거운 시간이 아니라 자리 쟁탈과 고함이 판을 치는 아수라장이니, 입맛은 멀리 떠나고 어서 빠져 나오고 싶은 생각이 굴뚝같음은 누구나 맛보는 느낌이리라. 사람이 적게 모이는 밥집은 음식이 맛이 없거나 턱없이 비싸거나 하니 이리도 저리도 못할 노릇이라, 이름 있는 음식점일수록 들어가는 것이 쟁취라면 나오는 것은 쫓기는 판국이니, 점심시간 식당의 출입은 쟁탈과 추방의 교차로라고나 할까. 이런 것을 생태적으로 싫어하는 나는 엉뚱하게 사람을 만나는 것을 피하고 있다. 회피가 능사가 될 수 없고 그리 치우치다 보면 왜소해지고 낙오자가 될 수밖에 없으니…. 사람이 적게 오는 음식점을 택하다 보면 지출은 배가 되고 그렇다고 좋은 친구와 그냥 헤어지기는 싫고 울며 겨자 먹는 꼴이 되고 만다.

이제 나는 서울 거리를 걷는 것도 산행도 한 끼니의 점심을 먹는데도 소로(小路)애용자가 되고 말았으니, 요단강 건너니 극락정토니 하는 피안의 세계는 차치하고라도 현세에서만이라도 소로행 아닌 대로행 하는 세상이 펼쳐졌으면 하지만, 그런 낙토는 찾기 어려운 것 같고, 기껏 기지개를 켜 보는 곳이 내 좁은 서재의 뜨뜻한 아랫목이라 아마도 정토는 이뿐인가 보다.

(수필공원. 창간호. 1982.)

가을 · 기도

신을 모르는 내가 기도를 드릴 때가 있다. 해마다 가을이 깊어가고 온 산, 온 들판이 황금 물결로 일렁거릴 때면 나는 그냥 기도를 한다. 파랗다 못해 매서운 유혹을 느끼는 저 푸른 하늘을 볼 때 기도를 한다. 칭칭 드리운 하늘. 내 가슴팍으로 쏟아져 들어올 것 같은 하늘. 생의 의미를 되씹게 해 주는 파아란 하늘. 내가 살아 있다는 사실을 실감케 해 주는 가을 하늘. 내가 살아 있다는 필연성의 귀결은 저 높은 하늘이 거기 있기 때문이다.

어느 날 고속 버스에 몸을 싣고 무섭게 북적거리는 서울 하늘을 벗어나야 한다고 나를 충동질한 친구를 따라 나섰을 때, 옆 좌석에 묵연히 앉아 익어 가는 가을 들판에 눈길을 보내는 애수에 찌든 아가씨의 눈동공을 위해 나는 기도를 한다.

"이 우주를 주관하시고 또 삼라만상에 희비를 베풀어주시는 나의 당신. 저 애수어린 동공에 당신의 뜻이 함께 하사 가을 들녘에 부드럽게 물결치는 코스모스나 들국화가 되게 해 주옵소서. 아가씨의 비감어린 동공이 우리의 동공으로 확산되기 전에 당신의 그 성스러운 손길은 내려져야 하옵니다. 나의 당신이여!"

서풍을 타고 뿌리는 빗줄기. 그 빗줄기와 나는 맞서기라도 하려는 듯 여객선의 갑판에 의연히 서서 저쪽을 바라보고 있었다.

어디에서 날아왔는지 노랑나비 한마리가 찢긴 나래로 있는 힘을 다해 바다를 가로질러 날고 있었다. 미물 중의 미물인 그 노랑나비. 꽃을 찾고 꿀을 찾는다는 나비가 어디서 날아와 어디로 가는 걸까. 꿀은커녕 망망한 바다에 쏟아지는 빗줄기와 기관에서 내어 뿜는 열기만 있는 이 적막한 공간에서도 대체 나비는 날아 무엇을 하자는 걸까?

"나의 당신, 저 외로운 항해를 계속하고 있는 나래 찢긴 미물을 도와주소서. 저 나비의 지친 날개에 당신의 전능하신 힘을 주시사, 무사히 피안의 언덕에 안착시켜 이름 없는 들꽃이라도 좋으니 꿀과 꽃가루가 친친한 꽃밭으로 인도해 주시사, 그 남은 생명을 안락하게 살다 죽게 해 주옵소서. 찢긴 나래가 아물고 망가진 더듬이를 되살려 나풀나풀 춤추는 그런 피안을 마련해 주옵소서. 거듭 간곡히 기도드리오니 거친 파도에 밀리고 짠 바닷물에 간하는 죽음이 되지 말게 해 주시고, 지쳐 죽더라도 푸른 이끼와 노란 꽃이 핀 초원에서 죽게 해 주옵소서. 나의 당신이여!"

나처럼 푸른 하늘 신선한 공기가 좋아 뛰쳐나온 고아원. 욱은 분명 세 끼니를 걱정 없이 때우느니 보다는 맑고 시원한 대기가 좋아 아니 널따란 초원이 좋아서, 저 일렁거리는 가을 하늘의 유혹을 몸으론 견디지 못해 고아원을 뛰쳐나왔을 게다. 그러나 그것도 잠깐. 망개의 신맛만큼도 누리지 못한 희열은 가문 하늘에 여우비마냥 끝나야 한다. 고아원 보모들에게 발견된 욱은 다시 그 지겨운 수용소로 가야 한다. 대절해 놓은 택시에 타지 않겠다고 고래고래 악을 써보나 욱은 또 태워지고 그 역겨운 나라로 끌려가는 거다. 강제로 택시에 태우려는 보모들을 편드는 것이 정의인지, 욱의 그 찢어지는 부르짖음을 가슴으로 안아야 하는 것이 정의인지도 모른 채 바보처럼 서 있는 감정과 이성이 마비되어 버린 나.

"나의 당신이여! 욱은 또 당신이 베풀어 놓은 이 풍성한 잔치에 참가해 보지도 못하고 어디론가 가야 합니다. 푸른 하늘이 좋아, 누런 들판이 좋아 뛰쳐나온 욱이었습니다. 고추잠자리의 꽁무니를 따르는 것이 좋아서 이처럼 맑기 만한 대기가 좋아서 고향을 생각하고 뛰쳐나온 것입니다. 허나 욱은 역겹지만 그 육신을 키우긴 하나 비정만이 춤추는 곳으로 또 끌려가야 합니다. 그렇게 가야 하는 어린 양 욱에게 당신의 풍성한 잔치에 함께 참여하게 해 주옵소서. 다시는 이 맑은 하늘 아래 저 어린 생명의 부르짖음을 이냥 걷어 주업소서. 나는 비행기를 고개를 바짝 자치며 쳐다보고 꿈꾸는 동심이 되게 해 주옵소서. 이 삼라만상을 주관하시는 나의 당신이시여!"

(『나비야』. 이우출판사. 1982.)

억지와 뻔뻔스러움

'억지와 뻔뻔스러움'

내 아무리 생각해 봐도 이 두 단어는 감정상 긍정적인 면보다는 부정적 측면이 월등 우세한 것 같다. 아니 불쾌하기까지 하다.

요사이 온 국민의 관심은 뭐니뭐니 해도 청문회일 것이다. 얼마 전에 끝난 일해재단 청문회를 시발로 이 나라 역사의 가장 오욕인 광주민주화 운동과 이른바 언론대학살 '언론통폐합' 청문회에 이르기까지 온 나라가 들끓고 있다.

나 또한 이 격랑에서 헤어나지 못하고 '일해재단 청문회'가 방영되던 이틀 동안 잠을 설치고 그에 따른 불면의 고통으로 일상적 일과에 적잖은 피해를 받았음도 사실이다.

오늘 아침 일어나 문득 좁은 뜰을 살펴보니 장미는 진 지 오래고 사루비아도 시들어 가고 있었다. 그런데 유독 국화만이 어젯밤 살짝 뿌린 빗방울에 씻겨 청초한 모습으로 하느적거리고 있었다. 다른 꽃들은 다 져버린 빈 뜰에 오만스레 버티고 서서 고독을 질겅질겅 씹고 있는 국화꽃. 나는 보랏빛 단엽 국화와 중엽의 황색국화를 만지작거리며 그 오만이 빚은 고독을 찬탄해 마지않으면서도 한편으로는 부아가 치밀기도 했다. 백초가 시들 때 시들 줄 모르고 온갖 꽃이 떨어질 때 떨어질 줄 모르는 국화꽃. 생각해 보면 이 부아는 이 국화꽃이 억지의 극치로 보였고 뻔뻔스러움의 표상으로 느껴졌기 때문이다. 그래서 국화를 만지던 내 손은 가벼운 경련을 일으키고 있었다.

우리는 억지와 뻔뻔스러움으로 도색된 얼굴을 가리켜 철면피라고 한다. 철면피가 무슨 뜻일까? 얼굴가죽이 단단하고 두껍다는 뜻이겠지…….

이 세상에 철면피가 어찌 한두 사람일까만 '일해재단 청문회'에 증인자격으로 등장한 몇몇 인물들은 그 정도가 더욱 심해 '다이아몬트리'라고 하는 것이 옳을 것 같았다. 억지를 부리니 뻔뻔스러워야 하고 뻔뻔스럽다 보니 철면피가 되고…….

세상사 뒤죽박죽 콩가루 반죽인지라. 그 깎아낼 수 없는 '金剛石'에 빌붙어 부를 축적하고 그 축적된 부 밑에서 알랑거리며 아부하고 그것마저 못한 자들은 도산되고……. 내가 청문회를 지켜보면서 얻어진 수확이 있다면 인간 성쇠고락의 축소판 확인이었다고나 할까?

老子는 어떻게 2천5백년 뒤에 이 조그마한 반도에 억지가 횡행해 빚어질 비극을 알아차리고 '爲者敗之執者失之'(억지를 부려 하려고 하는 자는 실패할 것이요, 일부러 붙들려는 자는 잃게 된다)라고 했을까? 권력도 금력도 명예도 '절로절로'에 맡겨야 한다는 그의 가르침에 그저 숙연해질 뿐이다.

억지를 부리다보면 뻔뻔스러워지고 뻔뻔스럽다 보면 비극을 낳기 필연인데, 그날 청문회 증인들은 어찌하여 이 순리를 깨닫지 못하고 민족적 불행까지 증폭시키고 말았을까? 불쌍한지고.

정경(政經)면에서 지도자가 되기 전에 老子 64章을 한 번 쯤

읽어 볼 일이지. 쯧쯧쯧…… 훠세훠세 물러가거라. '억지와 뻰뻰스러움'아. 이 밥 먹고 물러가거라 썩 물러가거라. 노자(路資) 보태줄게, 구천(九泉)으로 물러가거라.

(동대학보. 통산 245. 1988.)

설날 回憶

덧없는 세월의 바퀴는 또 굴러 올해도 설날은 여느 때처럼 돌아올 것이고 나이테는 다시 쌓여 한 해의 마무리와 함께 새날을 맞게 되리라.

내 설날의 추억은 아무래도 어린 시절을 회억할 수밖에 없다. 내가 태어나서 십대의 중반까지를 보낸 곳은 남녘이었다. 집 주위는 온통 대나무 숲으로 덮이어 있었고 사립문을 나서 방천둑에 서면 넓은 들판이 펼쳐지고 그 들판을 가로질러 십리쯤 떨어진 곳에 소도회가 형성된 그런 고장이었다.

나는 어린 시절, 겨울 내내 설날을 손꼽아 기다리며 지내곤 했다. 속이 바싹바싹 타는 기다림 속에 동짓달이 가고 섣달이 되면 내 꿈은 부풀대로 부풀어 하루하루를 보내는 것이 희망 그 자체였다. 지금 생각해보면 막상 설날이 온다고 해서 천지가 뒤바뀌는 것도 아니고 시쳇말로 하루아침에 유명해진 것도 아니련만 무엇 때문에 타는 목마름으로 기다렸는지 지금 생각해 보면 빈 웃음이 살포시 번지기도 한다. 아마도 시원한 한 대접의 식혜를 마실 수 있다는 즐거움 때문이었으리라.

지금이야 상대적 빈곤감 때문에 때로는 삶이 맥 빠지기도 하고 마음에 우울함을 떨쳐버리지 못하는 경우도 있지만, 그 때(40여

년 전)야 절대적 빈곤이 온통 이 나라를 덮고 있었던 시기인지라 우리 집이라고 해서 예외일 수는 없었다.

내가 설날을 그렇게 애타게 기다렸던 속사정은 새날을 맞는다는 그 기쁨 이전에 감칠맛 나는 쑥떡, 달콤한 과일, 시원한 한 대접의 식혜를 더러는 실컷 더러는 감질나게 먹을 수 있다는 풍만함과 빈곤함이 교합된 기대감 때문이었다. 그러니 나의 설날 기다림은 식욕을 포만시키기 위한 기다림 그 이상의 것도 이하의 것도 아니었다.

그 당시 시골집들의 환경이라는 것이 보통 구접스럽기 마련이었는데 그런 가운데서도 어머님께서는 조상님들의 제사를 모시는데 정성을 다하시기 위해 늘 목욕재계를 하신 뒤 그 정갈스러움을 자식들에게도 권하시는 것이었다. 나는 겨울 내내 논둑에 불이나 지르며 놀았던 탓으로 손등은 말할 것도 없고 발등까지 지저분하기 이를 데 없었는데 나의 어머님께서는 이런 자식의 더러운 구석구석을 씻어 주시기도 하시고 바쁘실 때는 혼자 씻기를 강요하시기도 하셨다. 그때는 왜 그렇게 씻기가 싫었는지.

섣달 그믐날 잠을 자면 눈썹이 희어진다고 해서 졸리는 눈을 억지로 부라리고 바득바득 용을 쓰다가 맥없이 쓰러져 잠들곤 했는데 이런 나를 어머님께서는 꼭두새벽부터 야속하게도 깨우시는 것이었다. 종가사당에 참신하고 집안 어르신네들께 세배를 올리기 위해서였다. 이럴 때 어머님께서는 언제나 정성스레 마련한 설빔을 내놓으셨다. 기껏해야 무명천으로 만든 옷가지였지만 그 포근함과 깨끗함은 어머님의 품에 안긴 기분이었다. 이른 새벽 형님을 따라 다니는 세배길은 사뭇 오금이 시려오고 손등이 갈라지는 듯 춥기만 했다. 그런 가운데도 당숙모님께 세배를 올리면 늘 하시는 덕담은 어린 내게도 즐겁기만 했고 목을 축이고 가라며 내놓으신 식혜 맛은 지금도 입안에서 뱅글뱅글 도는 것 같다. 내가 지금 즐겨 마시는 시원한 맥주 한잔도 이때의 식혜 맛에 연유한 것인지 모르겠다.

차례가 끝난 뒤 나는 언제나 내 손수 만든 연을 마을 어귀 공터나 들판으로 나가 띄우곤 했는데 내 연은 꼬리연보다는 방패연이었다. 지금처럼 화학 섬유실이 있는 시기도 아니어서 연줄은 잉에실을 사용하곤 했다. 이 잉에실을 연줄로 사용하기 위해 몇 날을 두고 어머님 품에 매달려 온갖 애교를 부리기도 하고 끈질기게 칭얼대기도 했다. 제법 튼튼하던 잉에실도 세찬 바람에 자주 끊기곤 했는데, 끝없이 바람에 떠나가는 연을 잡을 양으로 연만 보고 좇아가다가 논물구덩이에 빠진 적도 한두 번이 아니었다. 그럴 때마다 설빔으로 곱게 차려 입은 옷이며 신발은 엉망이 되고 시려 오는 발을 감당할 수 없어 모닥불을 피워 놓고 말리다가 양말이나 바지자락이 타는 줄도 몰랐던 어린 시절…

어느새 세월은 40년이 흘러가 버렸구나!

(모던 비유티. 1990. 1월호)

삼도 푼수의 넋두리

이제는 고인이 되어 고향선산에 곱게 잠들이 있는 고 李來秀는 생전에 나를 만날 적마다 끌끌 혀를 차며 3도 푼수라고 놀려대곤 했다.

그의 말에 의할 것 같으면, 제 일도, 나는 '아직도' 강북에 사는 푼수요, 제 이도, 나는 '아직도' 자가용차를 마련치 못한 푼수며, 제 삼도, 나는 '아직도' 본처하고 사는 푼수라는 것이다. 나는 그의 이런 농담을 받을 때마다 "사돈 남 말 하시네. 그래 너는 어떻고?" 하면 그는 껄껄대며 콧구멍이 발씬발씬하도록 담배를 빨아들이곤 했다. 그가 이승을 떠난 지도 하마 삼 년. 그런데도 아직껏 나는 삼도 영역의 권내에서 착실한 포로가 된 채 살고 있으니….

그의 말처럼 나는 '아직도' 강북, 그것도 세검정 궁벽한 산자락에서 살고 있다. 내가 세검정을 일컬어 궁벽하다고 한 것은 내 집이 대문 앞에 자동차를 댈 수 없는 언덕에 위치하고 있기 때문이다.

지금이야 주거의 개념도 크게 바뀌어 대중들의 치부 수단으로 활용되곤 하지만 옛날에야 어디 그러했겠는가. 그 집 돌쩌귀에는 주거자의 손때가 닥지닥지 묻고 주거인들의 발자국으로 해서 반

들반들 닳아버린 문턱은 한 개인의 역사적, 문화적 산실 바로 그것이었다. 이 같은 예를 외국에서 찾지 않더라도 도산서원이 그러하고 綠雨堂이 그러한 것 아닌가. 앞으로도 그렇게 되어져야 함에도 불구하고 보다 잘사는 것이 최고의 가치척도로 착인하는 현대인들은 이런 생각은 참새 눈물만큼도 없고 쬐끔만이라도 이문이 남는다면 쉽게 쉽게 처분하고 이사를 일삼는 것이다. 몇 푼의 부를 더할 수만 있다면 북새통을 이루며 지가상승 가능지를 찾아 철새보다도 민감하게 이주행렬에 가담한다.

세검정에 자리잡고 산 지 17년. 내가 이 동네에 거소를 정할 때만 해도 내 집 사위를 둘러싼 소나무는 화풍만 불어도 맑은 천뢰소리를 내곤 했고 그 맑고 고운 소리는 세사에 찌든 내 지친 영혼을 잘도 씻어 주었다. 허나 지금 그 소나무들은 개발붐을 탄 빌라건축 때문에 무참히 잘리어 나가고 그 자리엔 고급빌라가 들어서면서 그 주변에 치장으로 심어 놓은 흔한 향나무들만이 바람이 불 적마다 우줄우줄 춤을 추는 삭막하고 사무적인 풍경으로 바뀌어 버렸다. 그러니 보는 것도 없고 듣는 것도 없는 멋대가리 없는 살벌한 도회풍으로 탈바꿈하고 만 것이다.

볼만한 가치는 적송보다 덜하지만, 그래도 내 집 뜰 한복판에 오연히 서 있는 히말라야시다는 이골을 몰아치는 바람이 불 때면 맑은 송뢰소리로 내 귀를 씻어주곤 한다. 여름철이면 이 나무에서 매미가 울어 내 새벽잠을 깨우기도 하고 아침마다 찾아오는 까치와 박새는 고운 울음을 울어대곤 한다. 그럴 때마다 정신이 상큼해지고 저윽이 위안이 된다. 어디 그뿐이랴. 집이 높은 곳에 위치하다 보니 창문만 열면 한눈에 들어오는 인왕산의 준봉. 그

준봉에서 흘러내린 자락은 예나 지금이나 한결같아 나를 말없이 위무한다. 눈알이 핑핑 도는 세사에서 저 불변의 산자락을 문만 열어젖히면 무시로 볼 수 있다는 것은 분명 행복이리라. 해서 나는 아직도 이 동네(세검정) 이 집을 떠나지 못한다.

거리를 나서면 홍수처럼 밀려오고 밀려가는 자동차들. 어쩔 때는 짜증스럽고 속이 바삭바삭 타기도 하는 서울의 거리다. 그 증폭되는 불쾌감은 스트레스로 변질되기도 하고 경우에 따라서는 소유하는 것이 죄악이라는 생각을 떨어버리지 못하지만 때때로 겪는 택시 기사들의 횡포에 가까운 무법성. 우설이 비비하는 을씨년스러운 봄날의 추위. 그런 날 기다려도 기다려도 오지 않는 시내버스. 그럴 때마다 오기 서린 기다림. 이럴 때마다 나는 자동차를 소유하고 싶은 생각이 굴뚝처럼 치솟곤 한다.

내 일상생활에서 만나는 이런 순간적 불쾌감이나 안이함을 회피 희구하고픈 생각 때문에 세상 사람들은, 아니 요사이 젊은 가장들은 집보다 차를 먼저 구입하는 것이리라. 그러다 보니 거리에는 티코에서부터 고급승용차에 이르기까지 자가용차로 초만원을 이루는 것일 게다.

우리네 감각작용은 묘한 것이어서 말 타면 마부를 부리고 싶은 게 아니던가. 나는 컬러 TV를 보던 자가 그 TV가 고장나 새로운 TV를 구득하는 경우 흑백 TV로 낮추어 구입했다는 미담을 들어본 적이 없다. '보다 더'로 바뀌는 우리네 오각의 속성. 그러다 보니 육체적 안이는 감정의 안이로 전이되고 이 감정의 안이는 또다시 에스컬레이터 되어 말똥말똥해야 할 이성마저 좀먹게 되는 것이다.

학자의 위치는 감정이나 감성에 지배받지 않는 곳에 자리해야 한다. 그러한 당위성에도 불구하고 학자 또한 인간이다 보니 육체적 안이를 추구하게 되는 것이다. 이 육체적 편안함은 정신적 마비를 가져와 논문이나 저서를 남기는 괴로운 작업을 포기하게끔 만들고 만다.

나는 어쭙잖은 학자다. 그래서 그 길을 겨우겨우 버티어 가고 있다. 힘들고, 어렵고, 귀찮고, 외로운 길이지만 나는 이 길을 즐거운 기분으로 뚜벅뚜벅 걷고 있다. 나는 이 길을 걸어가면서 나만의 행복감을 누리기도 한다. 그 행복감은 전적으로 정신적 고뇌가 안겨다 준 선물이다. 그러니 나의 경우 정신적 고통과 고뇌가 깊을수록 그 열매는 풍성하고 알차다고 할 수 있다. 이는 분명 내 이성이 감정과 육체의 안이함 추구를 거부한 뒤에 얻어낸 기쁨이다. 이 기쁨. 나는 이 행복을 성취하기 위해 자꾸만 에스컬레이트되어 가는 내 감성의 안이함의 추구를 외면해야 한다. 혹시라도 나는 내 감정의 어쩔 수 없는 속성이 내 이성에(학자의 길)까지 전이되어 본 궤에서 벗어날까 두려운 것이다. 편안하게 살기만을 원한다면 학문연구가 뭐 그리 필요하랴. 해서 나는 그 편리함과 편안함의 대명사라 할 수 있는 자동차 소유를 강렬하게 부정하고 있는 것이다. 감각적, 육체적으로 안이함만을 쫓다 보면 학자의 업적으로 남는 학문의 결실이-괴로움의 소산인-더 이상 맺지 못할까 두려워 나는 '아직도' 자동차 구입을 꺼리는 것이다.

나는 대학시절에 모니카 비티가 주연한 '정사'라는 영화를 감명 깊게 본 적이 있다. 그 영화의 대화 중에는 다음과 같은 말들이 오고 간다.

"당신은 당신의 약혼자가 행방불명이 된 지 3일밖에 되지 않았는데 나에게 이렇게 추근거려도 되나요?"

그러자 남자 주인공은

"삼일이면 충분합니다."

서구인들의 남녀간의 관계는 이렇게 간단하게 처리가 가능한 모양이다. 그래서 국민소득이 저리 높은지는 모르지만…. 그러나 우리네야 어디 그럴 수야 있는가. 우리 서로가 고운 정에서 미운 정으로, 미운 정에서 다시 애틋하고 안쓰러운 정으로 뒤범벅이 되면서 그럭저럭 백년해로로 치닫는 것이 우리네 부부간이 아니던가.

함께 늙어 가는 처지에 마누라를 보는 눈을 '여자'라는 측면에만 붙박아 놓으면(여자 쪽도 마찬가지) 모르면 몰라도 아마 하루 동안도 함께 살기 어려울 게다. 서로를 찬찬히 뜯어보라. 고운 세포 죽은 자리엔 지옥행 꽃(기미, 주근깨)이 하나 둘 피어나기 시작해서 볼썽사납게 변해가고 있음을 알게 되리라. 저 지옥행 꽃은 차츰차츰 영역을 확장시켜 한해가 다르게 꽃밭을 일군다. 이렇게 늙어만 가는 마누라의 얼굴. 이 얼굴은 '여자'의 얼굴이 아닌 내 아이들의 어머니 얼굴이 아니겠는가. 해서 나는 이런 마누라 얼굴을 보는 안목을 바꾸기로 한 지 이미 오래다. 아이들의 어머니 상으로 보기로 한 것이다. 이후 또 세월이 흘러 마누라가 훨씬 늙어버리면 나는 또 내 안목을 바꾸어 내 아내를 인자한 할머니 상으로 봐주게 될 것이다.

이렇게 시각을 바꿔 놓고 마누라를 보면 세파에 시달려 몸 구석구석에 피어난 지옥행 꽃은 도리어 생의 찬란하고 위대한 족적의 훈장으로 보이게 되리라. 하루가 다르게 까칠까칠해지고 오그라드는 마누라의 육신. 이런 것들을 살금살금 훔쳐보노라면 나도 모르게 그녀에 대한 연민의 정이 불현듯 일곤 한다. 이런 정은 상대적일 것이다. 함께 늙어가면서 서로를 염려하고 아끼고 안쓰럽게 여기는 우리네만의 끈적끈적한 수액 같은 정. 해서 나는 '아직도' 내 아내와 더불어 살 수밖에 없는 것이다.

(창조문학. 1993. 겨울호)

조선 종자는 그 씨마저 말라 가는가

매주 일요일만 되면 인사동 거리는 자동차의 통행이 금지되면서 선남선녀와 잡상인들이 한데 어울려 북새통을 이룬다. 이는 조선 종자의 진수를 세계인에게 보여주겠다는 당국의 배려 덕분이다. 어찌 보면 여간 잘된 일이 아니다. 그러나 내면을 찬찬히 들여다보면 이런 잡동사니 난장판은 결코 조선 종자가 아닐 거라는 생각이 든다. 그렇다고 해서 인사동 거리가 온통 그렇다는 뜻은 아니다.

조선 종자의 본질은 각설이 타령이 결코 될 수 없으며, 서양식도 아니요 한국식도 아닌 어설픈 개량 한복도 아닐 것이고, 빛바래고 녹이 슨 선인들의 생활용품만도 아닐 것이다. 이런 것들은 우리 조상님들의 사고의 일부분이 투영되어 빚어진 부산물에 불과한 것이다. 그럼에도 불구하고 주말만 되면 명색이 이 나라 정신을 대표한다는 인사동 거리는 온통 이런 잡스러운 것과 너절하고 부박한 상품 판매장으로 전락된다. 그럴싸한 조선 종자는 뒷전으로 뒷전으로 밀리고 천박이 심오한 것으로, 하찮은 것이 소중한 것으로 둔갑되고 착인되는 이 나라 정신문화의 거리 인사동. 게다가 몇 발자국이 멀다 않고 촘촘히 자리 잡은 울릉도 호박엿판과 각설이 타령. 거기에 맞추어 덩실덩실 추어대는 어깨춤.

어찌 보면 흥취가 일기도 한다. 그러나 조금만 자세히 관찰해 보면 '아니올시다'이다. 두려운 것은 이 나라를 찾는 세계인들에게 저 요란뻑적지근한 엿장수 문화가 이 나라 음악과 춤사위의 진수로 받아들여질까 겁이 덜컥 나곤 한다.

혹자들은 이런 현상을 두고 지금은 국제화 시대요 세계화의 시대니 어설픈 것들도 얼치기 것들도, 추세에 발맞추는 과정의 것이므로 탓할 게 없다고 강변하리라. 어디 그뿐이겠는가 조선종자는 다 낡아빠진 것이니 청산만이 세계화요 또 살길이라고 목청을 높일 것이다. 입는 것도 먹는 것도 사는 장소도 세계화(서구화 내지 미국화) 내지 획일화시켜야만 하루 세 끼의 밥을 먹을 수 있다고 말이다. 언즉시야(言則是也)로다.

잘록한 허리에 쫄티를 입은 데다가 옴팍하게 패인 배꼽을 무공훈장처럼 드러내 놓고 으스대며 활개쳐대는 열일곱 살 처녀의 거동은 곤혹스럽기도 하지만 여간 도발적이 아니다. 메뚜기도 한철이요 그 차림, 그 몸짓이 또한 세계화의 추세라니…….

우리가 종로나 명동에서 흔히 만나는 이 처녀의 배꼽티 차림은 뉴욕의 거리에서도 동경의 긴자거리에서도 만날 수 있을 것이니 서울 처녀의 배꼽티는 곧 세계인의 배꼽티일 것이다. 어찌 입는 것뿐이겠는가? 그들이 신는 구두 모양새－발의 실제 길이보다 갑절이나 더 큰－또한 세계화의 추세가 아니던가? 내 눈에는 도시 너절해 보이고 불안해 보이고 추잡스럽게 보이는 이 모습들이 우리가 살아남기 위한 세계화의 추세라니…….

어찌 처녀와 청소년들의 차림만 탓할 것인가. 내가 즐겨 입는 더블식 양복은 서구인의 양식이 아니고 무엇이던가? 조끼를 껴입는 영국식이건, 조끼를 생략한 미국식이건 한 발자국이라도 외출하게 되면 입어대는 양복차림……. 나는 벌써 서구식 옷차림의 노예가 되어버린 지 오래다.

내 어쩌다 여행을 떠나게 될 때는 그곳만의 특이한 음식을 먹어보겠다고 벼르지만 이 같은 내 의도나 계획은 단 한 차례도 성공을 거둔 적이 없다. 왜냐하면 나의 이 같은 생각은 애당초부터 잘못된 것이기 때문이다. 이 나라 식단의 모든 메뉴는 내 생각 이전에 이미 획일화되어 있어서 어디를 가도 설렁탕이요 곰탕이며 냉면이고 돌솥비빔밥이다. 이 메뉴는 그나마 한국적 획일화여서 그런 대로 위안하면서 넘길 수도 있다.

그런데 앞으로는 음식문화마저 세계화라는 추세에 밀려 우리네 식탁에서 사라질 날이 머지않은 것 같다. 일부 아파트 단지 내에 살고 있는 젊은 주부들은 그들의 식단에서 김치를 몰아낸 지 오래라고 한다. 대신 오른 것이 소시지요 치즈며 피자 조각이라 하니……. 이런 식단에 의해 사육되는 조선 종자라면 그들의 육신도 또한 머지않은 장래에 피자화 내지 소시지화 될 것 아닌가? 이런 식단 메뉴에 의해 성장하게 되는 우리네 후손들은 모르면 몰라도 바야흐로 여자의 육체는 상하를 축으로 마름모꼴로 변하게 될 것이고 사내의 몸뚱이는 사과배에 체중 일백 킬로그램이 넘는 거구로 변종될 것이다. 그리 되면 건장타 못해 제 몸마저 가누지 못하는 뚱보가 되어 어기적어기적 뒤뚱뒤뚱 걷게 될 것이고, 일본인이 우상으로 여긴다는 스모 선수와 같은 거구들이 이 나라 구석구석에서 씨익씨익 가쁜 숨을 몰아쉬면서 세계화의 황홀함을 만끽하게 될 것이다. 얼마나 행복한 삶인가?

그럼에도 불구하고 내게는 자나 깨나 걱정스러운 것이 있으니 이런 육신을 바탕으로 해서 발현되는 정신세계마저 세계화로 변질되면 어쩌나이다. 그들의 정신이며 마음 씀씀이가 세계화되게 되면 아랫목처럼 따스했던 조선 종자의 정은 콘크리트 바닥처럼 메마르게 될 것이다. 그리 되면 부모와 자식과의 관계도 계산서로 처리 정리되고 집안과의 화목도 뒷전으로 밀리면서 대차대조의 관계로 변하게 될 것이다. 정을 나누는 것은 신파조가 되고 투명한 계산이 슬기로운 삶의 방식으로 치부되게 되는 날이 오게 될 것 아닌가. 어찌 이뿐일까. 머지않아 우리네 인간관계의 미래는 정(情)이라는 단어가 영영 자취를 감추게 될 것이다. 해서 우리네의 모든 인간관계는 계산서와 대차대조표만이 횡행하는 관계로 바뀔 것이다. 이웃간의 정을 나눔은 말할 것도 없고 가족관계도 사무적으로만 처리되는 관계로 변질되고 말 것이다. 그러면서도 그들은 이것이 진정 세계화의 추세라고 자기합리화할 것이다.

서울 동서남북 어디를 가 봐도 대단위 아파트 단지가 자리잡고 있다. 그런데 그 아파트의 모양새는 어느 하나 트임을 찾아볼 수가 없다. 성냥갑을 포개놓은 것 같은 위태한 모양새에다 마천루를 방불케 하는 고층들. 곡선의 아름다움과 경쾌하면서도 장중한 멋을 지닌 한옥은 이제 눈을 씻고 봐도 찾을 수 없게 되어 버렸다. 서울 시민으로서 전통의 한옥을 만나려면 십리 길을 마다하지 말아야 한다. 더구나 강남에서 한옥을 찾아보기는 육순의 노친네가 젊은 연인을 만나는 것보다 어렵게 되었다.

사방이 환하게 트이고 횅댕그렁한 마루에 벌렁 누워 쳐다볼 수 있던 곡선의 들보. 게다가 따끈따끈한 온돌방. 이런 멋깔스런 운치는 세계화와 편리함의 추세에 밀려난 지 하마 오래다.

여름이면 시원하고 겨울이면 따뜻하고 아늑했던 초가집. 이 초가 지붕 위에 눈이라도 내릴라치면 포근함에 포근함을 더해 저절로 안기고 싶었던 초가집은 이제는 자동차로 수 백 리 길을 달려가도 만날 수가 없게 되어버렸다. 60년대 들어 슬레이트 지붕으로 바뀌더니 70~80년대 들어 그나마 약간의 흔적을 지녔던 초가집들은 슬래브 형태의 구조로 바뀌면서 영영 자취를 감추어 버린 것이다. 이제 우리 모두는 농촌이고 도회고 가릴 것 없이 시멘트 문화가 만들어 놓은 차가운 공간에 꼼짝없이 갇히고 말았다. 그러니 그곳에서 일상의 삶을 누려야 하는 우리네의 풍습 또한 바뀔 수밖에 없는 게 아닌가. 세계화로 국제화로 말이다. 주거공간마저 조선 종자의 씨앗은 말라 비틀어져 버렸으니…….

이제 우리는 인간 문화의 모태라는 의식주 어느 쪽에 눈을 돌려봐도 조선 종자의 씨앗은 찾기 어렵게 되어 버렸다. 입는 게 그렇고 먹는 게 그러하며 사는 공간마저 세계화로 바뀌었으니 그것들을 향유하는 인간 구성원마저 저절로 그렇게 되어 갈 것이 아니겠는가? 두려운 것은 입는 것, 먹는 것, 사는 곳이 세계화됨만이 아닐 것이다. 문제는 그것들을 향유하는 주체인 우리네가 이에 동화되고 정신마저 세계화되어 조국을 잃어버리고, 부모를 잃어버리고, 형제를 잃어버리며, 이웃을 외면하는 우리네 의식이 온통 세계화가 되어 버리지나 않을까이다.

우리가 알지 못하는 사이에 우리네 정신은 그 변형을 거듭해서 조선 종자의 정신 영역은 초가집과 한옥들이 유형문화재로 남아 겨우 그 명맥이 보존되듯 조선 종자 또한 언젠가는 살아 움직이는 유형문화재가 되어 인사동 어느 가게에 진열되어 외국인에게는 말할 것도 없고 어설프게 세계화된 한국인들에게도 골동화되어 구경거리가 되리라. 조선 땅에 살면서 조선 종자를 지닌 한국인이 외계인으로 전락해 보일 날이 멀지 않았으니 그냥 암연히 허허롭구나!

(창조문학. 1998. 가을호)

无涯 先生님 墓前에

무애 선생님께 올립니다.

선생님! 오늘 여기 당신께서 그리도 아끼시고 사랑해 주셨던 문하생들이 모여 인사드리옵니다.

선생님께서 이승을 떠나신 지도 이제 20여 년의 성상이 가깝습니다. 세월의 흐름은 그 흐름의 깊이만큼이나 변환을 가져왔답니다. 오늘 추념의 말씀을 올리고 있는 문제 문영오는 당신께서 대학원 원장의 직책을 맡고 계실 때 학부 3년생이었나이다. 그 학생이 명색이 대학교수라는 직함으로 선생님 유택의 안부를 살피옵니다. 당시 20대였던 저는 이제 50의 중반을 넘어 반백의 머리칼에 心爲形役하는 초로의 모습으로 변했답니다.

당신께서 아끼시던 제자 石田 李丙疇 선생님께서는 古稀中半을 넘으셨고 柿園 金起東 선생님께서는 선생님 곁으로 떠나신 지 벌써 오래랍니다. 당신께서 늘 칭찬하셨던 미당 선생님은 팔질을 넘기셨고요. 시간의 흐름은 어찌 사람들에게만 깊은 골을 만들겠나이까? 당신의 유택 근처 정정했던 솔나무와 울울했던 상수리나무는 다 베이고 그 자리엔 알지 못한 자들의 묘지들로 바뀌고 말았답니다.

무애 선생님! 당신의 유택에는 기멸이 없사오니 이승의 매몰찬 바람이야 불지 않겠지요. 언제나 그 바람결에 의연하셨던 선생님의 풍모가 이제 새삼 드높아 보이나이다.

제가 학부 3학년시절인데요 강의시간 중에 당신께서는 이렇게 말씀하시는 것이었습니다.

"남자로 일생동안 지조를 지키며 산다는 것은 그리 쉬운 일이 아니다."

당신의 그 말씀을 들었을 때, 저는 내심 놀라왔답니다. 너무나 당연한 말씀을 저렇게 의미심장하게 하시나 하고요. 그런데 선생님! 제 50여 년을 살아오면서 몇 고비의 현대사를 힘겹게 넘다보니 그때 당신의 말씀이 곱씹어짐은 어인 탓일까요.

무애 선생님! 당신께서는 일찍이 학자가 갖추어야 할 기본소양으로 재주, 근면, 의지, 재력을 설파하셨지요. 선생님께서 대학원 원장으로 재직하시던 어느 가을날 제가 선생님 집무실로 〈고가연구〉와 〈국문연구논고〉를 들고 찾아뵈었더니 당신께서는 이 두 권의 책 안표지에 이렇게 써 주셨지요.

"學要精傳", "博而精"

저는 그때 학문의 길이 무엇인지도 모르는 까막눈인지라 당신의 가르침의 참뜻은 알지도 못하고 그저 당신의 친필을 받았다는 낭만으로만 치부했답니다. 이제 미숙한 제가 학자의 길이랍시고 걷다보니 어찌도 그리 쟁쟁한 학문의 지표란 말씀인가요. 지금 동악의 학단에는 그동안 더러 열매를 거두기도 했사옵니다만 선생님의 드높으신 학문의 길과 비교해 보면 부끄러움이 앞설 따름입니다. 오늘날 찌들고 왜소해진 동국국학은 당신의 토방 밖에서 서성대고 있사옵니다.

선생님! 이는 영악한 세속의 탓만은 아니옵고 외부의 도전에 효과적으로 응전치 못하고 무사와 안일에 안주한 제자들의 부끄러운 결과이옵니다. 선생님 당신은 못난 제자의 자성의 목소리를 듣고 계시온지요. 계시온다면 동국국문 모든 가족에게 힘을 주시어 분발케 하옵시고 이 수렁에서 탈출케 해 주옵소서.

선생님! 당신께서는 제자들을 끔찍이도 사랑하시었지요. 해서 제자들이 마련한 자리에 당신께서 혹 참석할라치면 늘 노래 대신 하신 말씀은 정읍사 첫 구절을 당신 나름대로 곡조를 붙여 음송하시곤 하셨지요.

"달아. 노피곰 도다샤 머리곰 비치오시라."

제자들의 존재가 하늘의 달덩이처럼 되기를 그렇게도 기원하시던 선생님! 하오나 이제 세태는 사정없이 변해 스승의 제자에 대한 사랑은 멀리 떠나고 제자들의 스승에 대한 존경은 나들이 간 채 거래만이 남았답니다. 이런 어수선한 판세일수록 당신의 정읍사 음송을 회억하면 마냥 부끄러워지나이다. 앙지미고하시고 찬지미견하신 선생님, 당신의 제자 사랑은 제자들로 하여금 창천의 달덩이 되기를 기원하신 것이었겠지요. 당신의 사랑 이럼에도 불구하고 일년에 겨우 한차례밖에 당신의 유택을 소분한 데 그치고 마는 제자들의 미숙이옵니다.

선생님. 부족한 저희들인지라 당신께서 생평에 남겨놓으신 옥고들을 모아 정리치 못하다가 작년에야 임기중 선생님의 애쓰심과 모교의 선생님들을 비롯한 국문과 출신 가족들을 중심으로 당신 유고 중 우선 다섯 권이 인행되었사옵니다. 금년에는 나머지 옥고도 일곱 권으로 인행할 예정으로 그 작업이 순조롭게 진행되고 있사옵니다. 당신의 옥고가 모두 인행되는 날 당신의 높고 깊으신 학문의 봉우리는 다시금 천하에 양포될 것이옵니다.

선생님! 금년에는 당신의 얼과 학문을 담아낼 후학들이 4명이나 대학에 진출하게 되었답니다. 고재석, 김무봉 후학이 모교에서, 한만수 후학이 순천대에서, 구사회 후학이 선문대학에서 신학기부터 강단에 서게 되었답니다. 선생님 이들은 당찬 젊은이들이오니 앞날을 기대하셔도 좋을 듯합니다.

선생님! 지금 당신의 유택 잔디 위에는 하얀 눈이 소복이 쌓여 있사옵니다. 이 눈은 내일쯤 따뜻한 햇볕으로 하여 녹아 내려 선생님의 유택으로 촉촉이 스밀 것이옵니다. 그 스미는 물기는 제자들의 체온이 담긴 사랑의 전달이옵니다. 혹 서운하시더라도 당신의 제자에 대한 사랑을 봄날 파란 잔디로 돋아나게 해주옵소서. 끝으로 선생님의 유택에 명복이 한결 같사옵기를 합장하옵니다.

(1996. 2. 4. 미숙한 문생 문영오 올림)

사우나 팔덕(八德)

예로부터 목욕재계하면 상제님도 섬길 수 있다고 하지 않았던가. 그러나 내야 상제님을 모시기 위한 것도 아니건만 나는 매일 사우나를 한다. 이런 나를 두고 친구나 제자들은 나의 이 같은 행위를 야릇하게 여기기도 하고, 심한 경우 '그렇게 때가 많으냐?'고 놀리기도 한다. 더러는 무엇 하려고 그리도 사우나를 즐기느냐고 따지듯 묻기도 한다. 그럴 때마다 나는 찌들은 세속적 삶에 청량제가 되기 때문이라고 변명 섞인 대답을 해대곤 한다. 그러나 정작 하고 싶은 대답은 이것이 아니다.

영국의 유명한 등산가 죤 말로리는 밤낮으로 산에만 오른다고 불평하는 친구들에게 '그곳에 그것이 있기 때문'(Because it is there.)이라고 하지 않았던가. 그렇다. 나의 사우나 행각도 사실 그곳에 가면 그것이 있기 때문이다. 우리네 선인들은 일찍이 부채에는 팔덕(八德)이 있다고 일러 왔다. 물론 그 팔덕 중 나눔의 미학이 제일이리라. 그런데 사우나에도 분명 팔덕이 있다. 물론 부채의 그것과 대비해 볼 때 나눔의 미학이야 없지만 말이다.

사우나! 그 첫 번째 즐거움은 단연코 자유스러움일 것이다. 이제껏 내 육신의 구석구석을 감추고 꾸미고 있던 가식의 꺼풀들. 이것들을 탈의실에서 하나하나 벗어버릴 때 나는 이상야릇한 쾌감과 자유를 맛본다. 이때 나는 분명 태고적 인간상이 되고 원초적 인간 모습으로 회귀되어 자유스런 비상을 한다. 허영과 가식과 과시와 보호의 막을 형성했던 저 근사한 정장차림. 이것들을 일거에 그것도 중인환시리에 훨훨 벗어버릴 수 있는, 이 자유스러움을 만끽할 수 있는 공간이 이곳 외에 또 어디에 있단 말인가. 생각해 보라. 우리네가 이곳을 벗어나 그 어느 곳에서 허영과 가식을 털어 버린 진정한 자유를 만날 수 있는가를. 노자는 이처럼 꾸밈없는 경지를 견소포박(見素抱樸)이라 일렀으리라.

탕 안에 들었을 때 내 눈에 그득 찬 저 나신의 군상들. 너도나도 변별될 게 없는 기본만이 갖추어진 넘실대는 육체들. 이 경우 어느 구석을 들여다봐도 신분의 고하나 소유의 과다는 보이지 않고 오직 인간 육체의 기본구조만이 거기 있는 것 아닌가. 그래서 혹자는 이 경지를 두고 목욕탕 철학이라는 숙어를 만들어 내었으리라. 그렇다! 이때 지닌 것이 있다면, 지위고하의 변별이나 소유과다의 차이는 저 세상의 것들이고 이곳엔 평등과 균일만이 숨쉬고 있는 지상낙원만이 존재할 따름이다. 유일한 변별이 있다면 크고 작음만이 있고 표피의 색깔 차이만이 존재할 따름이다. 해서 각자의 자존만이 춤추는 희열의 광장이다. 그래서 나는 이 광장을 평등만이 숨쉬는 무상무하의 태고경이라고 명명하고 싶은 것이다.

우리네는 흔히들 우리 생애에서 가장 안온하고 완벽하게 보호받았던 시기를 어머님의 자궁 속이라 말한다. 그러나 우리 모두 어머님 자궁 속에서야 의식이 없는 상태로 머물러 있었을 것이니 그 안온한 상태는 느껴보지도 못한 채 막연한 유추만이 존재한 것 아니겠는가. 알맞은 온도의 탕 속에 몸을 담갔을 때 행복하게 전해오는 저 안온한 경지. 이는 분명 어머님의 자궁 속이리라. 의사들이 탕내의 가장 적정한 온도는 인간 체온과 맞아떨어져야 이상적이라고 주장하는 것을 보면, 이는 어디까지나 인간들의 원초적 회귀본능에 기초한 적정온도로의 희원에 기초한 것 아니겠는가. 온탕에 내 육신이 푹 잠겼을 때 피부로 전해오는 따스함과 내 육신의 구석구석을 남김없이 헤집고 들어오는 짜릿한 안온감이 주는 행복.

세상 사람들은 사랑하는 애인의 가슴팍이 그리 따습고 좋다 하지만 어찌 이 안온함과 비교할 수 있으랴. 애인의 가슴이야 안온함만이 지속되는 게 아니어서 때로는 썰렁한 찬바람이 일 때도 있고, 감당키 어려운 뜨거움이 있는가 하면 증오로 일렁거릴 때도 있는 것 아닌가. 그러나 탕내 적정온도의 온수가 가져다주는 안온함이야 어찌 애인의 변화무쌍한 가슴에 비교할 수 있겠는가. 애인의 변덕스런 가슴의 감촉은 때로는 삶의 의욕과 욕망을 부추기기도 하고 더러는 죽음을 부르기도 하지만 저 탕내의 안온함이야 영원히 후한이 없는 안온함이 아니겠는가. 사랑에는 뜨거운 사랑, 따뜻한 사랑, 뜨뜻미지근한 사랑이 있다지만, 이 안온함을 사랑에 대비시키면 분명 따스한 사랑일 것이다. 애인의 가슴보다 더 황홀하고 안온한 행복이여.

조금은 긴장한 상태로 열탕에 앉았을 때 등줄기나 앞가슴팍 골을 스멀스멀 흘러내리는 땀방울들. 여린 벌레가 우리의 살갗을 자극하며 기어가는 것 같은 야릇한 쾌감. 내 육신의 구석구석에 잔존한 찌꺼기들을 단번에 세척해 뱉어낼 것 같은 상큼한 흘러내림의 가시적 효과.

그 배출된 침전물 속엔 어젯밤에 진저리치며 마셔댔던 술 찌꺼기가 있고, 병들고 쇠잔해 가는 육신을 지탱키 위해 시도 때도 없이 먹어댔던 약의 잔존물이 섞여 있는가 하면, 종로 네거리의 공해와 지하철역 구내에서 들이마셨던 미세 먼지도 섞이어 있고, 팍팍한 세속살이에 타협키 위해 헛웃음 치며 먹어야 했던 불순한 음식물 찌꺼기도 섞이어 있으리라. 어디 그뿐이겠는가. 하루만이라도 더 살아보겠다고, 보다 강력한 정력을 유지해 보겠다고 억지 부리며 먹었던 추잡한 보신의 찌꺼기도 혼재되어 있는 것 아닌가. 온갖 오물들이 분비물 되어 쏟아내는 열탕. 등골이 대어도 좋으니 분비물이여! 분비물이여! 남김없이 배설되어다오. 스멀거리는 통쾌감이여. 우리네가 열탕에서 억지로 땀을 빼는 데는 분명 오욕의 침전물을 세척해내려는 안타까움이 자리하고 있을 것이다. 해서 흘러내린 땀의 근쭝만큼 가벼워진 경쾌감. 거기에는 체중감소의 가시적 효과보다 정신적 오욕의 침전물도 씻어냈으면 하는 희망도 섞이어 있는 게 아닐는지…. 어떻든 땀방울의 환희는 월드컵 4강의 환희에 비하면 너무나 적은 것이지만 기대가 함께 하는 시원한 통쾌감이 있는 것이다.

열탕에서 나와 섭씨 15도를 전후한 냉탕 속에 내 육신을 담갔을 때 몸 구석구석을 파고드는 쏙쏙거림. 그것이 지나치게 자극적일 때 육신이 오돌오돌 떨리기도 하지만 공포스러운 것은 아니어서 기분 좋은 떨림이라 해야 하리라. 우리가 등산을 하거나 숲속을 거닐다가 쐐기에 쏘이거나 이름 모를 벌레에 물렸을 때 임파선을 타고 전해지는 가벼운 통증. 그 통증은 피부에 손상을 가져오는 후환을 남기지만 냉탕에서의 아린 듯한 통증이야 후유증과 먼 거리에 있으니 이 아픈 듯 아린 듯한 쾌감을 어디에서 만날 수 있으랴.

온냉탕 오가기를 반복하다가 적당한 빈 공간에 자리잡고 벌렁 누웠을 때의 나른한 평온함이여! 이는 나무꾼이 힘겨운 나뭇단을 지고 비탈진 산길을 조심조심 내려오다가 쉼터 하나 찾아 아무렇게나 쓰러져 누울 때의 나른한 평온에 비견되리라. 물론 탕내에서야 나무꾼이 쳐다보았던 파란 하늘과 둥둥 떠가는 구름조각이야 만날 수 없어도 나른한 평온이야 뭐 다를 게 있으랴. 비록 버거운 우리네 삶의 무게와 예측불허의 인생행로가 험하고 멀다 할지라도 이때의 나른한 평온 뒤에 살포시 잠기는 두 눈. 이 단잠의 맛을 무슨 음식 맛에 비길 수 있으리오. 어디 그뿐이겠는가. 벌렁 누워 천장을 쳐다보고 있노라면 수없이 피어나는 상념의 파편들. 회한이 있고, 분노가 있고, 중치가 탁탁 막히는 억울함이 있는가 하면, 꿈도 함께 한 뒤범벅의 파편들. 담기도 버리기도 하면서 나는 나른한 평온을 깔고 그냥 누워 있는 것이다.

나른한 평온을 싫도록 맛본 뒤 눈을 들어 주변을 휘휘 둘러보면 저 현란한 육신의 향연. 혹자는 비대하고 혹자는 깡마르고 혹자는 적당히 날씬한 깨끗한 몸매. 내 안전에는 숭고미, 우아미, 비장미, 장엄미, 추미, 빈약미, 비계미, 장대미, 왜소미 등등이 생동감 있게 펼쳐져 있다. 이 세상에 아무리 훌륭한 조각가가 있다 하더라도 단번에 이처럼 각양각색의 가품은 조각해 내지는 못하리라. 조물주는 어찌 그리 훌륭한 솜씨를 지니셨기에 이처럼 아름다운 미적 리듬을 만들어 내었단 말인가. 소동파는 일찍이 예술미의 경지를 리듬론으로 파악했고, 추사 또한 서체미의 최종 판단기준을 기운생동에 두지 않았던가.

이 탕내의 나신에서 나는 개개인의 육신의 리듬감을 감상함은 물론 뭇 군상이 합창해 내는 미적 다양성과 개성을 함께 감상하나니 우리네가 이 곳 말고 그 어느 곳에서 저리 다양하면서 살아 숨쉬는 무수식의 육체미를 만날 수 있을까.

지금 내 육신은 그런 대로 60을 넘도록 칼자국 상처 남기지 않고 잘도 살아왔다. 그러니 부모님에 대한 감사, 나아가서는 상제님께 감사를 드려야 할 게 아니겠는가. 목욕탕 안에는 상호대비가 가져다주는 자성과 오성이 있다. 주변에서 쇠잔한 육체를 간신히 옮기는 노구를 만났을 때 내 몸엔 오싹한 소름이 돋기도 하고 내 육신의 미래를 노구의 육신에 오버랩시키면서 초라해질 미래를 연상해 보기도 한다.

증자의 가르침처럼 전귀(全歸)는 못할망정 근신에 근신을 거듭해야겠다는 다짐도 이때만이 가져보는 상념이다. 게다가 살며시 다가오는 무상감도 이때다. 우리네가 세상을 살아오면서 사자 앞에서 맥없고 허망한 허무를 받아온 게 사실이지만 경우에 따라서는 생자에게서 받는 허무감이 더 지독할 수도 있나니, 이는 골이 깊디깊게 패인 주름살과 90도 가깝게 굽어버린, 쇠잔의 그늘일 것이다. 그러니 이곳은 자성과 미래의 공포가 공생하는 곳이기도 하다.

목욕을 다 끝낸 뒤 다시금 주섬주섬 주워 입는 가식과 허위의 꺼풀들. 돌아가고 싶지 않아도 돌아가야 하는 역겨운 현실의 광장. 나는 이제 다시 그 반열에 끼어 숨쉬어야 한다. 내 일상적 삶으로의 회귀가 악덕이랄 수는 없지만 사우나탕에서의 황홀한 쾌감들은 예서 막을 내려야 한다. 거울 앞에서 가식에 가식을 더한 뒤 목욕탕 문을 나서자마자 싸늘하게 밀려오는 저 써늘한 바람. 그 바람은 어느새 사타구니 틈새를 비집고 들어온다. 이 상큼한 서늘함이라니. 이는 분명 시원한 첫잔의 맥주가 목구멍을 자극할 때의 그 맛이리라. 사우나탕의 마지막 덕과 시원한 맥주맛 어느 것이 앞설는지….

나는 오늘도 이 맛 때문에, 아니 사우나의 팔덕 때문에 매일매일 사우나탕으로 발길을 옮기곤 한다. '하루를 행복하게 살려면 목욕을 하라.'는 영국인의 속담을 되뇌면서. 왜냐하면 그곳에 가면 그것이 있으니까.

(2003. 시와 산문 38. 여름호)

현대에 사는 원시인의 변명

나는 현대판 원시인이다. 혹자는 원시인 하면 인류조상의 하나인 크로마뇽인을 연상할는지 모르겠다. 몸은 온통 지저분한 털로 덮여있고, 침팬지에 가까운 얼굴 모양새에 손에는 돌도끼나 돌창을 든 그런 원시인 말이다.

그러나 현대판 원시인은 이와는 사뭇 다르다. 그러면 오늘날의 원시인은 도시 어떤 모습일까? 한 마디로 말해서 최첨단의 문명이기와 담을 쌓고 사는 자라고 보면 된다. 그런 의미에서 나는 분명 원시인 부류에 속한 자이다.

철학자들은 현대사회를 지배하는 3가지 요소를 3S라 하기도 하고 3M이라고 갈파하기도 하지만, 내 보기에 현대사회를 지배하는 것은 3C가 아닌가 한다. 현대인은 Computer, Car, Card의 포로가 된 채 나날의 삶을 영위하고 있다. 그런데 나의 삶은 이들과는 동떨어진 삶을 꾸리고 있다.

현대사회의 최선봉장은 그 누가 뭐라고 해도 컴퓨터일 것이다. 인터넷, 이메일 등…. 그 신속성, 편리성, 정보성 등은 인류가 이제껏 발명해 낸 것 중 가장 획기적인 편리물임에 의심의 여지가 없어 보인다. 이 괴물 앞에 앉아 손가락 몇 개만 움직이면 온 세계가 전개되는 무소불위한 전지전능의 세계. 이 괴물은 어느새 인간 삶의 구석구석에 자리잡고 우리네 삶을 좌지우지하는데, 나는 저 편리함을, 신속함을, 이로움을 외면한 채 무지한 컴맹인으로 살아가고 있다.

이런 나의 딱한 처지를 동정이나 하듯 동료교수나 후배들은 컴퓨터를 알면 많은 일을 할 수 있고 연구업적도 보다 많이 낼 수 있다면서 컴맹으로부터의 탈출을 강권하기도 하고, 심한 경우 동정 어린 눈빛과 연민의 정을 보내기도 한다. 그러나 나의 좁은 견문 탓인가. 그런 사람치고 보다 많은 연구 업적과 결과물을 접한 적이 없다. 그들은 도리어 속도감과 편리함을 과신한 나머지 정신적 이완에 빠져 컴맹인 나보다도 현장에서 훨씬 허우적거림을 보곤 한다.

BC 2~3세기에 살았던 장자는 <천지편>에서 기계를 지닌 자는 반드시 기계적인 일을 일삼기 마련이고, 그런 자는 기심(機心)에 빠져 인간의 순수성을 상실하게 된다고 하지 않았던가. 내 이 경지에 빠져드는 것이 두려워 컴퓨터를 외면하는 것은 아니지만 내 흉중 어느 언저리에는 기계의 편리함에 함몰되어 견소포박(見素抱樸)한 인간의 원초적 모습을 상실하지나 않을까 떨고 있는 것이리라.

오직 빠르고 편리함만을 추구하는 컴퓨터. 이는 분명 인간을 나태의 구렁으로 추락시키고 태만의 속성만을 길러줌으로써 머리는 자꾸만 왜소해지고 하반신만 비대해지는…… 정신적 황폐화를 가져오지 않는다고 뉘 보장하리요. 이놈의 컴퓨터가 장차 우리네 인간들을 얼마만큼 변화시켜 버릴는지……. 아마도 우리네 정신세계는 불모의 사막으로 전이되고 우리네 육체는 마름모꼴 체형이 될는지 모르겠다. 책 읽는 것도 귀찮고, 사고하기는 더더욱 싫고 해서, 그냥 먹고 마시고 싸고 즐기는, 그렇게 살다가 죽어 가는 군상이 되리라. 많은 서구인의 정신적 황폐와 천박성도, 마름모꼴 체형의 비대도 이 컴퓨터 생활화의 부산물이라면 나의 지나친 억설일는지?

내 하루의 내외적 삶은 자동차를 이용하는 것으로부터 시작된다. 그럼에도 불구하고 나는 아직도 자동차를 운전하는 기술을 익히지 않고 있다. 만약 내 일찍부터 운전기술을 익혔더라면 이 나라 구석구석을 빈틈없이 잘도 누비고 다녔을 것이다. 운전을 못한 탓으로, 지금의 현실은 내 보폭의 협애함과 공간적 제약을 받으며 살고 있다. 그러나 지금까지 이 나라 구석구석의 산과 들, 그리고 섬들을 얼마큼 누비고 다녔으니 자동차 소유와는 무관타 하리라. 남들처럼 자동차를 운전하면서 들판을 지나가게 되면 저 환상의 섬, 거문도나 백도에 갔을 때도, 그곳의 풍광에 듬뿍 취한 채 시원한 맥주잔을 벌컥벌컥 들이키지 못했으리라. 생각해 보라. 저 기막힌 풍광이 나에게 한잔 술을 권해오는데 자동차 때문에 마실 수 없는 안타까움을.

어느 스님의 말씀이 아니더라도 소유가 가져다주는 부자유는 이 자동차 문화가 절정을 이루리라. 어찌 이에 그치랴. 자동차를 몰고 다니다 보면 본의 아니게 빚어지는 실수－접촉사고, 교통법규위반－그 때마다 상대방과 낯을 붉혀야 할 때가 비일비재하리라. 이럴 때 내 자신의 추락의 깊이를 헤아릴 수 없는 나락의 심연. 그래도 상대가 저질이 아니라면 그런 대로 괜찮겠지만 상식이 통하지 않는 상대인 경우 고성과 삿대질은 필연일 것이니, 이 경우 내 자신은 철저히 시정잡배로 추락하는 게 아니겠는가.

우리가 세상을 살면서 때때로 자신에 대한 존재의 가벼움을 당하고 사는 게 어디 한두 번이던가. 그때마다 우리는 얼마나 속상해 하고 자존심 상해 하며 살아야 했던가. 삶의 현장에서 이 같은 초라함이 축적될 때마다 상실되는 삶의 의욕. 이를 벗어나 보려고 눈을 부라리고 두 주먹 쥐어 보지만 저 허망한 노력들. 어찌 이뿐이겠는가. 만약 교통법규라도 위반할 때면, 어김없이 단속당해야 하는, 범죄자 취급을 당하는 운전자의 비애감. 딱지를 떼려는 교통순경 아저씨에게 매달려 "좀 봐 주세요. 싼 걸로 떼어 주세요."라고 통사정해야 하는 그 순간의 초라함과 내 존재의 경량화. 자신의 신분도 지위도 잃은 채 주눅들어야 하는, 이런 경우의 내 자신을 나는 결코 감내할 수가 없다. 하여 나는 이때까지도 자동차 운전을 멀리 하고 있는지 모르겠다.

어느 날 나는 직장에서 퇴근길에 만원버스를 헤집고 타야만 했다. 그날 나는 어이없이 지갑을 도둑맞았던 것이다. 몇 푼의 돈, 신분증, 카드 등을 깡그리 도난당한 것이다. 그날 밤 나는 소매치기에 대한 원망과 내 자신에 대한 자괴심 때문에 잠을 이룰 수가 없었다. 다음날도 그 불쾌감과 자괴심은 사그라지지 않았다. 자괴심은 자학으로까지 전이되고 있었다. 그렇다. 대부분의 재앙은 그것이 횡액이 아닌 한, 스스로가 자초하는 것이 아니겠는가. 그 뒤 나는 지갑도 카드도 쓰지 않는다. 필요한 만큼의 용돈을 늘 바지주머니에 넣고 다닌다. 무소불위의 딱지 한 장, 그 얼마나 편리한가. 그러나 그 편리함에 비례해서 가슴 조이며 건사해야 하는 마음 졸임. 나는 이 버거운 구속력이 단연코 싫은 것이다. 소유와

관리가 필연이라면 무소유와 자유는 자연스러움이다.

내 조금은 불편하더라도 차라리 무소유의 자유를 누리고 싶다. 이런 내 삶이다 보니 허세나 객기도 부려 보지 못하고 왜소한 삶을 살고 있는지 모르겠다. 그런들 어떠랴. 그 편리성, 그 무소불위의 위력에 푹 빠져 망가져 가는 자신보다는, 무소유의 행복과 무방비의 해방감을 나는 누리며 살고 싶은 것이다. 해서 나는 오늘도 버스카드마저도 외면한 채 동전 몇 닢으로 귀가 버스에 오르는 것이다.

(2003년. 창조문학. 가을호)

까치밥

서울에서야 좀처럼 귀한 풍경이지만 늦가을 때쯤 남도지방을 여행하다 보면 차창 밖으로 시야에 들어온 풍요로운 풍광 중에 하나는 감나무 가지 끝에 주렁주렁 매달린 새빨간 연시일 게다. 여름철 내내 널찍한 잎새에 가려 그 모습을 드러내지 못하던 풋감들. 가을로 접어들면서 잎새진 빈자리를 선홍색의 구슬로 가지 끝에 매달려 연출해 낸 광경은 가벼운 탄성을 자아내게 한다.

옛날엔 잎이 지기가 무섭게 추수되고 겨우 한두 개만 남겨 두었는데 지금은 천할 정도로 주렁주렁 매달려 있으니 격세지감이 없잖다. 예전에 한두 개 남겨져 매달린 감은 까치밥이라 해서 농부들이 일부러 남겨, 겨울철 날짐승들의 식량으로 마련해 준 것이었다. 농부들은 인간과 짐승과의 상생의 교감을 두서너 개의 감으로 매개시켰던 것이다. 깡그리 추수해 버리면 눈 덮이고 꽁꽁 얼어붙은 차가운 겨울 들녘에 날짐승들의 먹거리가 없어져 그들이 주리게 될까봐 안타깝게 여긴 나머지 인간들이 새들에게 베푼 시혜품이었다. 그러나 오늘날 감나무가지 끝에 지천으로 매달려 있는 연시들은 인간들이 까막까치에게 보다 풍성한 식량을 남겨주려는 것이 아니고, 타산이 전제된 유기물들로, 배려가 아닌 마지못해 남겨진 천덕꾸러기들이다. 그러니 옛날 가지 끝에 매달렸던 연시가 날짐승들이나 청설모에게 생존배려의 존재였다면 오늘날 감나무가지 끝에 지천으로 매달린 연시들의 존재는 노동력과 생산비가 고려된 방기물인 것이다. 그래서 그런지 예전에 가지 끝에 매달린 연시는 여유롭고 귀하게 보여지면서 고즈넉한 빈 들판에 생명의 원천으로 느껴지더니 오늘날 지천으로 매달린 저 연시들은 계산의 결과물로 받아들여지면서 씁쓸한 감회마저 인다. 내 추억 속의 까치밥 연시는 해맑은 빨간 진주로 각인된 반면, 오늘날 차창 밖으로 보이는 연시는 색깔마저 거무튀튀 우중충해지면서 천덕꾸러기로 비춰진다. 세상사 모두 그렇겠지만 까치밥 연시의 경우처럼 상대를 배려하면 자연스럽고 푼푼해 풍요미마저 넘쳐나는 데 반해 계산이 앞서면 맛은 고사하고 색깔마저 저리 우울하고 거무튀튀한 모양이다.

이 나라가 산업화가 되기 이전까지만 해도 남의 집 손님이 되어 식사를 대접받을 경우, 밥상 위에 올라온 음식들을 싹싹 비우는 것보다는 조금씩이나마 남겨 밥상을 물리는 것이 품위 있는 손님의 자세였다. 더욱이 상 위에 오른 반찬이나 요리가 귀하고 맛있는 것일수록 일부를 남겨야만 손님으로서 귀한 대접을 받았던 것이다. 이런 유속은 지금도 그 일부가 남아 있어서 교양미를 제대로 갖춘 어르신네들과 겸상을 하다 보면 욕심껏 드시는 것이 아니라 당신들의 건전한 식욕까지 매몰스럽게 억제하면서 장만한 음식의 일부를 남겨, 어린 총생과 음식 마련에 정성을 쏟았던 주부들에게 끼쳐 줌으로써 절제미를 보여 주신다. 이런 어르신네들의 행위를 보면 나의 무교양적인 식사 매너가 천하게 느껴진 적이 한두 번이 아니었다. 내 경우 맛있는 음식일 때 남기는 것은 고사하고 국물마저 들이켜 마셔야만 직성이 풀렸던 경우가 없지 않았으니 지금 생각해 보면 얼굴이 붉어지곤 한다.

세상은 많이 달라져서 손님이 되어 주인집에서 음식대접을 받는 경우 밥상에 올라온 음식들을 허천난 사람처럼 그릇마다 깡그리 비워 줘야만 주부들로부터 환영을 받는다. 그도 그럴 것이 밥상에 올려 남겨진 음식물은 모두가 쓰레기로 폐기되는 판세가 되었기 때문이다. 주부들 쪽에서 보면 정성껏 장만한 음식들이 쓰레기로 전락되는 것이 안타까운 것이고 그렇다고 해서 남이 먹다 남긴 것을 먹기도 뭐하고 해서 손님들께서 온전히 먹어 주기만을 애타게 바라는 것이다. 그러니 옛날의 음식 남김이 배려의 차원이었다면 오늘의 남김은 배려가 배제된 고통의 끼침이 되고 만 셈이다. 이는 지구환경 오염의 주범 중에 큰 비중을 차지하는 것이 음식물 쓰레기가 되다 보니 어쩔 수 없는 현실에 기인한 탓이리라. 이 경우 웃어야 할지 울어야 할지 모를 일이다. 그럼에도 나는 오늘도 옛 어르신들의 식사 매너를 애타게 그리워하는 자이다.

우리가 세상을 살아가다 보면 인간인지라 증오하고 싫어하는 것이 지천이다. 그런데 개중에서도 내가 제일 미워하는 것 중의 하나는 길거리를 가면서 거침없이 침이나 가래를 길바닥에 뱉어내는 행위다. 그래도 침까지는 봐 줄 수 있는데 누런 가래침을 뱉어내는 행위는 도저히 용서할 수가 없다.

나는 세상에 태어나 이제껏 몸을 부딪치며 싸워 본 적이 없다. 그러나 동행하는 옆 사람이 가래침 같은 것을 거침없이 내뱉는 작태를 볼 때 나는 어김없이 시비를 걸어 싸움판을 벌이곤 한다. 비신사적 작태라고 꾸짖기도 하고 더러운 자식이라고 대들기도 한다. 후자의 경우 대부분 언쟁으로 발전한다. 세상에 더럽고 추한 것들이 여기저기 널려 있지만 개중에서 제일 더러운 것 중의 하나가 누런 가래침일 것이고 추잡스런 행위 중 하나가 길바닥에 침을 뱉는 무례함이기 때문이다. 길을 걷거나 건물계단을 오르다가 만나게 되는 너절한 인간들의 역겨운 분비물들. 손수건으로 훔쳐 가거나 휴지로 감싸는 고상한 작위도 있으련만……. 남의 오장육부를 휘저어 놓아야 직성이 풀리는지……. 그들은 이 시간에도 분비물을 토해 내고 있으니 증오하지 않을 수 없는 것이다.

선진국과 후진국의 갈림길은 소득의 과다가 아니라 행인들이 길거리에 뱉어내는 침의 빈도로 가늠된다는데, 이는 아마도 상대방 배려의 폭이 넓을수록 정신적 선진국임을 뜻하는 것이리라.

내 친구 K씨는 길을 걷거나 계단을 오르내리다 이런 경우를 만나면 일부러 발길을 그 쪽으로 돌려 자신의 구둣발로 그 가래침의 흔적을 깨끗이 지워버리고 지나가곤 한다. 그의 행위는 여기에서 멈추는 것이 아니다. 화장실 소변기 안에 배설된 가래침을 보면 이를 제거키 위해 오줌줄기를 가래침에 조준해서까지라도 더러운 것을 제거하곤 한다. 그러면서 K씨는 늘 이렇게 말하곤 한다.

"나 혼자 기분 나쁘면 족하지 않아?"

우리네 삶이 어찌 살면 남을 배려하는 삶이 될까? 이는 딱히 정의하기는 어려워도 아마도 상대방을 용서하는 삶일 것이다. 왜냐하면 진정한 용서는 자신이 남의 입장에 서 보는 것이어야 가능하기 때문이다. 해서 공자는 제자가 "인(仁)이란 무엇입니까?"라고 묻자 한마디로 "서인(恕人)"이라고 말씀하시지 않았던가. 이 경우 용서와 배려는 한 갈래일 것이다. 그래서 범충선공(范忠宣公)은 자신을 용서하는 마음으로 남을 용서(恕己之心 恕人)하라고 했으리

라. 그렇지! 우리네 마음의 까치밥은 바로 이런 자세일 것이다.

(2004. 창조문학 연간집)

그는 한국의 앙드레 말로다

프랑스에 행동주의 작가 앙드레 말로가 있었다면 한국엔 신상성이 있다. 그가 무슨 사연으로 해서 미국이 벌인 추악한 전쟁(월남전)에 참전했는지 불분명하지만 어쨌든 그는 그 전쟁의 소용돌이에 자신을 내던졌고 그 후유증으로 해서 고막에 이상이 생겨 지금은 보청기 신세를 지고 있다. 60년대 초반 남들은 군대에 입대하는 것마저 꺼려하는 판세에 그는 생사를 가늠할 수 없는 치열한 전투현장에 뛰어 들었으니, 그의 이 같은 행위는 나의 범박한 사고 저편에 있다 할 것이다.

지금 생각해 보면 그의 월남전 참전은 뜨거운 작가정신 탓으로 여겨진다. 작가로서의 보폭의 확장과 체험의 극대화 내지 인간한계 그리고 조건에 자신을 시금석으로 삼아 보겠다는 다소 어처구니없는 당돌함의 소산이었는지 모르겠다. 하여 그는 보다 성숙한 소설가로서의 성장을 암암리에 꿈꾸었으리라. 그는 피 터져 죽어가는 인간들의 육신 앞에서 앙드레 말로가 그러했듯 '인간조건'을 현장에서 확인해 보고 그 처참한 상황들을 글감으로 삼아 원초적 인간모습을 묘사해 보고 싶었는지 모르겠다. 이는 어디까지나 가열찬 작가 정신에 기인한 것이 아니겠는가. 그래서 나는 그를 한국의 앙드레 말로라고 부르는 것이다. 문학을 위해, 아니 자신의 소설 창작을 위해 자신의 생명마저 내던진 작가 신상성. 어찌 이것만이 그의 참전의 전부이겠는가.

학부시절 농활운동에 뛰어들어 불의와 맞선 저 열혈의 정의감이 월남전에 그의 육신을 던지는 또 다른 계기가 되었는지 모르겠다. 어쨌든 그는 여느 작가보다도 행동을 앞세운 행동주의 작가인 것이다. 행동이 밑거름이 되지 못하고, 오직 상상력에만 기댄 작품세계는 현장성의 결여로 독자들의 공감을 끌지 못한다고 판단한 작가임이 분명하다. 그런 탓인지 그의 작품을 접하다 보면 촌철살인의 기발한 표현의 구절을 만나는 것도 어렵지 않은 것이다.

30년 전의 일일 것이다. 그와 나는 불광동 어느 맥주홀에서 수작을 하고 있는 참이었다. 그런데 갑자기 주변이 소란스러워지면서 실내는 아수라장으로 변해가고 있었다. 여인들의 비명소리에 남정네들의 쌍시옷 소리가 더해지면서 아비규환의 판국이 되어버린 것이다. 손님들은 모두가 공포에 떨고 있었고 나 자신도 예외는 아니었다. 탁자가 넘어지는 소리, 유리컵이 박살나는 소리…등등.

알고 보니 그 소란의 중심엔 ○○여단 병사 두 사람이 설쳐대고 있었다. 이 상황을 확인한 그는 병사 앞으로 뚜벅뚜벅 걸어가더니 냉큼 그 중 한 병사의 멱살을 낚아채며

"야! 새끼야. 너 몇 기야. 내 ○○기인데 까마득한 선배 앞에서 감히. 무릎 꿇어 새끼야!"

하며 호통을 치자 조금 전까지만 해도 방약무인격이던 병사는 고양이 앞에 한 마리 쥐가 되어 용서를 비는 것이 아닌가.

장내질서는 급속도로 잡혀졌고 내가 앉은 테이블을 중심으로 주변 테이블의 손님들은 그의 용기와 대담성에 선망을 보내는가 하면 맥주잔을 들고 와 고맙다는 인사치레를 하기도 했다. 그의 이런 과감한 행동과 용기는 도시 어느 곳으로부터 유래한 것인지……. 아마도 그의 공수단 출신 경력과 생사를 넘나들며 체험했던 월남에서의 정글전 경험이 뒤엉킨 결과였을 것이다. 참으로 남들이 가질 수 없는 경지. 생각해 보면 그날 그가 나에게 보여주었던 일은 월남전 그것에 비긴다면 모기 다리에 피였는지도 모른다. 그 사건 이후 나는 그를 신형이라고 부르는 것을 주저하지 않는다.

세상에는 씨를 뿌리고 가꾸는 자가 있는가 하면 남이 씨 뿌려 가꾸어 놓은 농작물의 열매를 손 하나 까딱하지 않고 있다가 통째로 거두어 가는 자도 있다. 신형은 전자에 속한다. 그는 어제도 오늘도 끝없이 씨를 뿌리고 가꾸는 데 여일이 없다. 하루도 가만히 있지 못하고 자꾸만 일을 꾸미고 만들어 내고…….

그러나 그 중 하나의 결과물도 거두어 보지도 못하고 옆 사람 좋은 일만 시키는 다소 맹하고 엉뚱한 측면이 그에겐 있다. 해서 주변 사람들로부터 돈키호테적 기질의 소유자라는 다소 부정적 평가를 받고 산다. 그런들 어떠랴. 세상에 하고 많은 사람들이 남을 속이고 피해만 주는 쪽에 비긴다면 그는 순진하고 착한 이웃집 아저씨인 것을. 어찌 보면 그는 줄곧 당하기만 하고 그러면서도 쓰잘 데 없는 오해를 받고 사는 그런 사람이다. 아마도 이런 결과는 그의 소설가다운, 천성이 소설가적 기질을 타고난 소성에서 비롯된 것이리라.

어느 날 갑자기 사이버대학 총장으로 부임하는가 하면, 다음날 그 모든 것을 빼앗긴 채 피고소인으로 전락되기도 하는 도시 종잡을 수 없는 나의 사랑스런 후배 신상성! 해서 나는 그의 예측불허의 행위에 내 가슴 뜀도 한두 번이 아니었다만, 이는 어디까지나 그의 경제마인드의 결핍에서 오는 것일 뿐 순진성을 잃지 않는 작가적 심성은 예나 지금이나 한결같음을 어찌하랴. 계산적이고 약삭빠른 자들에게 늘 이용만 당하고 그 활용가치가 끝나고 나면 똥지른 막대 취급을 당하여도 늘 껄껄거리는 저 천진성을 그가 아닌 누구에게서 찾을 수 있단 말인가.

세상사 골백번 계산을 해도 실패가 뒤따르기 마련인데 애당초 계산을 도외시한 그의 작사는 필연적 결과로 이어지지 않겠는가. 참으로 딱한 그의 거사(?) 행위. 수많은 실패에도 불구하고 오늘도 그는 거침없이 또 다른 일을 계획하고 구상하는 데 여념이 없다. 이로 보면 그는 늘 먼 곳을 꿈꾸는 사람이다. 그 결과물엔 아랑곳하지 않는 일 자체를 즐기는 그런 사람일는지도 모른다. 아니 그 과정에서 빚어지는 수없이 많은 인간들의 실존적 모습을 만나기를 즐겨하는 자인지도 모르겠다. 해서 그는 그 일마저 소설감으로 삼고자 하는 현장중심의 소설작품을 구상하고 있는 것은 아닐는지…….

자주 만나는 것은 아니지만 그는 나를 볼 때마다 "우리의 영원한 보스이신 형님!" 하며 다소 억센 손으로 내 손을 꽉 쥐곤 한다. 몸집은 분명 나보다 작아 보이는데 악력은 어찌 그리 힘이 넘치는지. 그래서 나는 그와 악수를 할 때마다 생동감을 받곤 한다. 게다가 내 손을 꼭 쥐고 웃을 적마다 눈 가장자리에 잔잔히 번져 가는 눈웃음은 그의 대인관계 표정 중 단연코 일품이다. 그와의 만남이 차가운 겨울이다 보면 그는 늘 두툼한 외투를 걸쳐입고 나오곤 하는데 그 폼이 여간 매력적이어서 영화 <닥터 지바고>의 주인공 오마샤리프를 연상시키기도 한다. 이 같은 매력 탓인지 그의 40대 시절에는 늘 젊은 여성과의 동반이 흔했었는데 이도 내가 그에게서 느끼는 매력 포인트를 그들도 찾아낸 데 기인하였으리라. 더러는 서구풍이기도 하고 더러는 순수 조선인의 토종풍을 보여주기도 하는 뭔가 가늠할 수 없는 그만의 독특한 매력은 그가 한때 즐겨했던 국선도의 내공의 힘에 기댄 것인지 모르겠다.

어쨌든 그에게는 묘한 매력이 있다. 사람을 만날 때마다 눈언저리에 살포시 번져 가는 눈웃음, 씩 웃을 때마다 허옇게 드러나는 치아, 게다가 다소 더듬거리는 것 같은 언어구사, 그러면서도 정곡을 찌르는 예리함, 지사적 기질… 이 모든 것들이 그의 섬광 같은 눈빛과 맞아떨어지면서 야릇한 매력이 되어 상대방을 휘감곤 한다. 해서 나는 오늘도 그에게 매료당해 허우적대고 있는 것이다.

그나 나나 이제 회갑이 지났으니 잡스런 세속사랑 접어두고 지리산이나 재등반하자고 권해야겠다. 15년 전 석전 이병주 선생님과 지리산을 등정했을 때 그가 단풍으로 흐드러진 칠선계곡을 조망하면서 천연덕스럽게 내뱉었던 "사타구니에서 물이 날 것" 같다던 그 기발한 표현을 다시 들어보고 싶어서다.

(신상성 교수 회갑기념문집)

학문, 그 고독과 환희

저는 30여 년이라는 긴 세월을 고산문학 연구에 몰두해왔습니다. 30년의 세월 동안 고산선생 연구에 몰두하게 된 것은 고산선생의 문학작품이 지닌 매력 때문이었습니다. 적당히 굳은 인절미와 같이 쫄깃쫄깃하고 맛깔스러우면서도 정갈스런 고산선생의 문학세계. 하여 고산선생의 시문학은 내 인생의 명운을 걸기에 족했습니다. 비록 고산선생이 남녘이란 외진 해남에서 문학작품 활동을 폈지만은 그의 작품세계가 보여준 경지는 해남에서 남도로, 남도에서 이 나라 구석구석으로, 더 나아가서는 세계로 그 빛을 발하고 있다 하겠습니다. 이는 해남의 자랑이요, 해남 윤문의 긍지이며, 이 나라 시문학의 위대한 유산인 것입니다. 이렇게 훌륭한 고산선생 문학의 연구는 제가 아니더라도 그 누군가에게 의해서 연구되어야 한다는 당위성을 지닙니다.

제가 이번에 내놓은 연구물은 고산선생의 높길은 문학세계의 일부를 거론한 데에 불과합니다. 왜냐하면 고산선생의 문학작품세계는 차지고 심오하며 감동적이기 때문입니다.

학문 연구의 자세는 냄비 근성으로 성취되는 것이 아닙니다. 무쇠 솥 근성만이 그 성취를 가능하게 합니다. 저는 서예 공부를 하겠다는 제자들에게 늘 항심을 요구하곤 합니다. 이는 자신을 향한 경고이기도 합니다. 학문이 되었건 서예가 되었건 고지에 오르는 데 항심 없이 어찌 도달할 수 있겠습니까? 그러니 학문 연구의 자세는 잽싼 토끼의 뜀박질이 아닌, 느리기는 하나 꾸준한 거북이의 걸음이 보다 바람직한 것입니다.

앞에서 말씀드린 바와 같이 저를 30년간 고산선생 연구에 매달리게 한 데는 일차적으로 고산선생의 문학과 사상 세계의 왕양함과 삶의 자세의 올곧음에 있었습니다만, 저를 이 경지까지 인도해 주신 분은 선친이셨습니다. 저의 선친은 일자무식한 분이셨습니다. 그러나 삶의 자세는 올곧았고 진지하셨습니다. 해서 저에게 늘 하시는 말씀은 초지일관 '한 우물파기' 생활 철학이었습니다. 선친께서는 어린 저에게 늘 "영오야, 사람은 한 우물을 파야 하는 법이란다."라고 말씀하시곤 했습니다. 제가 10대에는 선친의 이 말씀의 의미를 채 깨닫지 못했었습니다. 그러나 저는 어릴 적부터 '사람은 한 우물을 파야 되나 보다'라는 막연한 생각을 갖게 되었고, 그런 선친의 교육의 결과가 오늘의 결실을 가져왔다고 생각합니다.

저는 인문학이야말로 모든 학문의 기본이 된다고 생각하고 있으며, 따라서 인문학만이 이욕으로 소용돌이치는 세속의 어지러움을 구제시키는 데 작은 보탬이 되리라고 생각합니다.

세속에는 지금 인문학의 위기 시대라고 합니다. 분명 그러합니다. 오늘을 사는 모든 구성원은 정보의 고속도로를 치달려야만 그 생존이 가능하고, 그 변화 폭에 보폭을 맞춰야만 살아남을 수 있습니다. 이 같은 상황이 되다보니 인문학은 하찮은 것으로 보이고 쓰잘 데 없는 비실용적 학문으로 치부되고 있습니다. 심한 경우 인문학은 똥지른 막대 취급마저 받고 있는 현실입니다. 그래서 이제 인문학은 이 나라 학문 세계에서 천덕꾸러기로 전락되고 만 현실입니다.

그러나 생각해 보십시오. 인간을 보다 인간답게 하는 것은 기계나 물질이 아니라, 우리의 육신에 들어있는 정신이요, 마음인 것입니다. 보다 잘 살고, 보다 잘 먹고, 보다 잘 입고 사는 데 인문학은 멀리 있어 보입니다. 아니 인문학은 그 같은 삶을 영위하는 데 분명 걸림돌이 될 수 있습니다. 그럼에도 불구하고 제가 인문학의 중시를 외쳐대는 것은, 우리네 삶의 본질을 보다 고결하게 하는 데에 인문학은 분명 이바지하고 있기 때문입니다. 인문학이 죽으면 모든 학문이 죽게 되고, 인문학의 황폐는 기계문명의 황폐화로 이어지게 되는 것입니다. 왜냐하면 인문학이 모든 학문의 정점에 서 있어서만이 아니라, 온갖 물질문명의 운행의 주체는 인간인 것이고 그 인간을 인간답게 하는 것은 인문학이기 때문입니다. 이처럼 인문학은 인격을 도야하는 학문인 탓으로 이의 경시는 한 개체의 저질화 내지 경박화를 가져오고 나아가서 인격의 결여도 이에서 비롯됨을 우리는 잘 알고 있습니다. 해서 저는 지금 이 순간까지도 국문학자가 되어 인문학 연구자가 된 것을 하느님의 축복으로 생각하고 있습니다.

저의 은사이신 무애 양주동 선생님께서는 학자에게는 세 가지 요소가 갖추어져 있어야 한다고 늘 말씀하셨습니다. 곧 머리, 의지, 돈이 그것입니다. 저에게 고산선생을 연구하도록 이끌어주신 석전 이병주 선생님께서는 이 세 가지에 근면성 하나를 더 보태 발로 뛰는 자세를 강조하시곤 했습니다. 그렇습니다. 학자의 길에 들어선 자들에게는 당연히 요구되는 태도입니다. 그런데 저는 여기에다 또 하나의 요소를 더 보태고자 합니다. 곧 '바보스러움'이 그것입니다. 여기서 '바보스러움'이란 세속사의 변화에 어두운 바보스러움을 뜻합니다.

세속은 하루가 다르게 변화하고 있습니다. 어제가 오늘이 아닙니다. 더구나 소유욕을 극대화시키는 자본주의의 속성은 소유한 자만이 판을 치고 있는 느낌마저 듭니다. 학자가 만약에 이런 세속의 소용돌이에 해맑다면 어찌 학문의 성취를 가져올 수 있겠습니까? 그래서 저에게 한문에 눈을 뜨게 인도해주신 복재 문의선 선생님께서는 "공부하는 사람은 돈을 몰라야 하는 법이다."라고 가르쳐주신 것 같습니다. 세속의 소유욕 중시와 학문의 길은 늘 반비례해야 성취가 가능합니다. 그 상대성이 곧 '바보스러움'인 것입니다. 해서 저는 학문하는 덕목으로 '바보스러움'을 이야기한 것입니다.

이 같은 자세로 저는 고산선생 문학 연구에 긴 세월을 투여했습니다. 그러나 오늘은 내 인생 역정에 있어서 부끄러운 날이기도 합니다. 왜냐하면 오늘의 저의 성취는 보잘것없고, 왕양한 학문의 바다에 제가 띄운 조각배는 너무 초라하기 때문입니다.

(동대학보, 314호)

文永午 수필선
편견·편식 그리고 죄악

초판 제1쇄 인쇄 | 2006년 2월 20일
초판 제1쇄 발행 | 2006년 2월 25일

발행처 | 月刊 書藝文人畵

저 자 | 文 永 午

발행인 | 이 홍 연
등 록 | 제300-2004-67호
주 소 | 서울특별시 종로구 내자동 167-2
전 화 | (02)732-7096~7
FAX | (02)738-9887
홈페이지 | www.makebook.net

정가 10,000원